曾瑞散曲集校注

刘[illegible]署

百年河大國學舊著新刊

曾瑞散曲集校注

〔元〕曾瑞 著
李春祥 校注

河南大學出版社

圖書在版編目（CIP）數據

曾瑞散曲集校注 /（元）曾瑞著；李春祥校注. —開封：河南大學出版社，2008.4（2012.4 重印）
（百年河大國學舊著新刊叢書）
ISBN 978-7-81091-771-1

Ⅰ.曾… Ⅱ.①曾…②李… Ⅲ.①散曲—中國—元代—選集②散曲—注釋 Ⅳ.I222.9

中國版本圖書館 CIP 數據核字（2008）第 016825 號

責任編輯 謝景龢　　**封面題簽** 王劉純
責任校對 李　兵　　**封底篆刻** 劉廣祥
封面設計 鳳文傳媒

出版發行 河南大學出版社
地址：鄭州市鄭東新區商務外環中華大廈 2401 號
郵編：450046
電話：0371—86059701（營銷部）
網址：www.hupress.com

排　版 河南第一新華印刷廠
印　刷 鄭州市今日文教印制有限公司
版　次 2008 年 4 月第 1 版　　**印　次** 2012 年 4 月第 2 次印刷
開　本 890mm×1240mm　1/32　　**印　張** 6.5
字　數 180 千字　　**印　數** 1501—2500 冊
定　價 16.00 圓

（本書如有印裝質量問題，請與河南大學出版社營銷部聯係調换）

出版説明

河南大學是一所有近百年歷史的老校。自建校以來，一向重視國學研究，并形成了一支實力雄厚、傳承有序的研究隊伍，在國學研究領域可謂人才濟濟，成果豐碩。經初步調查梳理，近百年來在河大工作過的有高深國學造詣的學者包括大師級學者有數十人，出版有關著作近百種。爲弘揚我國優秀傳統文化，促進國學研究的進一步繁榮發展，我們從中遴選在學術史上有一定地位、至今仍有研究參考價值的作品分批整理出版，這便是『百年河大國學舊著新刊』的由來。現對本叢書編纂出版的有關問題説明如下：

一、建校以來在河南大學（包括其前身河南留學歐美預備學校、中州大學、河南中山大學以及后來的河南師範學院、開封師範學院、河南師範大學）曾經任教或求學的校友，都在叢書作者的入選範圍。

二、一生大部分時間服務於河南大學，以及離、退休或終老於河南大學的作者，其所有國學著作均在叢書入選範圍；曾經在河南大學求學或任教，后來離開河南大學的作者，入選作品則以在校時寫作或出版者爲限。

三、叢書所收作品，以曾經正式公開出版者爲主。少數確有較高學術價值而由於種種原因未曾正式公開出版過的作品，則據稿本或可靠的印本收入。

四、叢書所收作品都是特定歷史條件下的產物，代表的是當時的學術水平，難免帶有當時的種種局限。這次整理出版，在內容上悉以底本爲準，不依據后來的研究成果進行校訂。

五、叢書統一用繁體字排印。在編校過程中，對原底本中的异體、俗體、簡體字做了規範化處理，錯、漏、衍、倒等技術性差錯做了糾正。根據古籍整理慣例，對傳統典籍中約定俗成的通假字、古字和特殊人名、地名等用字不加改動。

六、由於河南大學在近百年間屢經分合，數易其名，加之抗戰時期輾轉遷播，人員進出頻繁，爲叢書作者作品的遴選增添了不少難度。此外，『舊著新刊』作爲一種特殊的出版形式，有許多問題還在探索之中。因此，叢書第一批的出版，無論書目的選定還是具體的技術性處理，都一定存在不少缺憾。誠望廣大讀者特別是河南大學知情校友和有關專家不吝賜教，以便使以后陸續推出的叢書逐步臻於完善。

『百年河大國學舊著新刊』編纂出版委員會

二〇〇八年三月

編者説明

本書之出版是爲高等院校文科師生、古代文學研究者和愛好者提供一部較完備的曾瑞散曲集。元明清均無曾瑞散曲專集行世；建國前，已故曲家盧前曾輯曾氏散曲小令十首、套數十六套傳世，名曰詩酒餘音；一九五八年上海古典文學出版社出版陳乃乾先生的元人小令集中輯曾氏小令八十餘首，大大超過盧氏所輯，惜體例所限，不及套數；一九六四年中華書局出版隋樹森先生的全元散曲，其中輯曾氏小令九十五首，套數十七套，是目前所看到的最爲完備的本子。因有校無注，一般讀者閱讀尚有困難。

先師李春祥先生搜集有關曾瑞集子的資料，以全元散曲爲底本，并參照諸多本子作了精心校勘，對作品中用典用事運用前人成句及不常見詞語加以必要的注釋。此次出版除對重復的注釋作了調整和力所能及的核勘外，均以先師手澤爲準。謹以此作爲后學弟子由衷的敬意與緬懷。

李春祥先生在延安大學學報一九八八年第二期發表曾瑞簡論，該文被中國人民大學復印資料中國古代近代文學研究一九八八年第九期全文轉載。并收於元雜劇論稿（河南大學出版社一九八八年五月初版），今用作代前言。

本書出版，蒙先師哲嗣李兵君多方查證史料，并主動承擔責任校對，誠心可鑒日月。

目録

套數

曾瑞簡論(代前言)

曾瑞是我國元代寫一劇而留名的雜劇作家之一。據鍾嗣成録鬼簿記載:

> 瑞字瑞卿,大興人。自北來南,喜江、浙人才之多,羨錢塘景物之盛,因而家焉。神彩卓异,衣冠整肅,優游於市井,洒然如神僊中人。志不屈物,故不願仕。自號褐夫。江、淮之達者,歲時饋送不絶,遂得以徜徉卒歲。臨終之日,詣門吊者以千數。余嘗接音容,獲承言話,勉勵之語,潤益良多。善丹青,能隱語、小曲。有詩酒餘音行於世。

録鬼簿記載了曾瑞的原籍、客籍、「自北來南」原因、經濟來源、志趣、交游、才藝、著作、去世時景況等,言之鑿鑿,甚爲具體。鍾嗣成是元代戲劇家,録鬼簿又是一部當代雜劇史,曾瑞又是與他「相知」的「方今已亡名公才人」,其所言必有根據,而决非道聽途説。據孫楷第先生考證,鍾寫録鬼簿時,曾瑞「年已逾七十,於嗣成爲前輩」(一)。二人關係如此密切,其所記是可信的。

又據元人林景熙霽山先生集卷四孤竹齋記所記,還可推測曾氏家世簡况和本人的交游生活。林氏謂曾「家世平州(今河北省盧縣北),祖、父皆學而仕」,后徙於燕(今北京)。不知什麽時候和原因到了昆陽（今河南省葉縣），與林景熙結識。林贊其言談「蛟騰虎躍，軒然而异」，「凡有作」又常請教於林，他們也可以稱得上是文字交。曾因祖籍平灤爲「古孤竹國」之地，故「取而名齋，以示不忘」，并請林爲之記以「廣之」。

「孤竹」本古之國名。據史記伯夷列傳孤竹君之二子句引正義括地志云：「孤竹故城在平州盧龍縣南十二里，殷時諸侯孤竹國也。」「姓墨胎氏。」伯夷、叔齊，因皆不願繼承父位而「逃去」，后又阻武王伐紂不成，周滅紂后而「義不食周粟」〔二〕，遂餓死於首陽山。后世對二人對武王之態度或褒或貶，但對其不願繼承父位的高潔行爲還是給予了充分的肯定。林氏對曾瑞既勸慰其「不可離世而立於獨」，又贊揚其「耿介」品格。

孫楷第先生認爲：「此文記瑞卿字裏風采性格，皆與録鬼簿合。故余斷定此以『孤竹』名齋之曾瑞卿，即曲家曾瑞卿。」〔三〕又從地名之演變推測林氏撰文時間及二人年歲：「唐之平州，在元爲平灤路。大德四年，改稱永平路。此文猶謂平灤，知作於大德四年以前，且持論寬博，知作文時去至元丙子已遠。以文推之，文似作於至元末元貞初。又觀其行文語氣，於瑞卿爲前輩。景熙卒至大三年，年六十九。元貞初年五十餘。如瑞卿此時爲三十餘歲人，則當生於中統初。」〔四〕對曾氏生年推測大致可信。

林氏謂曾瑞祖籍平州，后遷燕，與録鬼簿謂曾氏「大興人」并不矛盾，都没有超出北京的大範圍。這里要提出的是另外一個問題：録鬼簿謂曾氏因喜錢塘人物與景物而「自北來南」，林氏却只字未提，更不知道他客死杭州等。是不是曾瑞去杭之前曾在昆陽小住（比如他的父輩曾在昆陽做官等原因）？或者是定居杭州后曾游歷昆陽？觀其所寫留鞋記雜劇，其故事背景正是在河南開封，劇中提到的王月英其家開的胭脂鋪地址就在「相國寺西」，時令則是觀燈的元宵佳節，這與開封的寺廟今名和習俗完全相符，他完全有可能從昆陽來到開封。以個人淺見，前者的可能性更大，他是去杭州之前在昆陽與林相識的。從這以后，寫孤竹齋記的林景熙和曾瑞就天各一方，彼此也就毫無所知了。

曾瑞的交游，有名字可考者，唯鍾嗣成與林景熙二人。其所交往，一是談論文事，二是請林記其書房取名「孤竹齋」之由來。無論是文事或逸事，又都與功名富貴絶緣。鍾氏稱其「志不屈物，故不願仕」，林氏贊其「耿介」爲人，都説明他不願做官，也不願和做官的人來往。那些對他「歲時饋送不絶」的「江、淮之達者」，或慕其名的「江湖儒士」、或誦其爲人的「市井兒童」〔五〕，或在他去世時「以千數」的「詣門吊者」，一律都没有名字流傳下來。流傳至今的酬唱贈答之作，也不過是雜劇藝人喜温柔一個藝名而已。〔六〕對於衮衮諸公，他「樂幽閑，不解趨承」〔七〕，回避了。對於生活的追求，他澹泊名利，縱情詩酒，流連山水，有時也去「鶯花寨」、「雨雲鄉」逢場作戲〔八〕，逞一逞「浪子風流」〔九〕。這些都是他的一個重要生活側面。從一些散曲推測，他似曾游歷過福建崇安分水關〔十〕，又重返大都小住〔十一〕。鍾嗣成公元一三三〇年寫録鬼簿序時曾瑞已卒，孫楷第先生推斷他此時「年已逾七十，於嗣成猶爲前輩」。據此往上推算，他大約生於世祖中統初年（公元一二六〇年），卒於文宗至順元年（公元一三三〇年）以前。

曾瑞著有留鞋記雜劇一種，散曲則多見於曲選、曲譜之中。隋樹森先生輯全元散曲最爲完備，其中輯有曾瑞小令九十五首，套數十七套。另據孫楷第先生考證，所畫山水圖至明代猶存〔十二〕。所編詩酒餘音及所寫隱語等皆不傳。

二

留鞋記是曾瑞唯一的一部雜劇著作，因録鬼簿著目爲才子佳人誤元宵而不名留鞋記曾引起過作者問題的争論〔十三〕。王季思先生從留鞋記看曾瑞在元曲家中的地位一文〔十四〕，結合作者散曲内容，指出「風格跟留鞋記的曲詞十分接近」；又將曾氏〔黄鍾·醉花陰〕元宵忆舊套曲内容與留鞋記作了對比，指出「他有跟留鞋記中人物類似的經歷」。這些論斷，有力地説明了留鞋記確是曾瑞的作品。另外還可補充一證：反映在留鞋記劇中女主人公王月英身上那種蔑視封建禮法、把自己追求自由愛情看作正當行爲的「風情事那怕人知」的思想，在曾瑞的散曲中有同樣的表現，如〔中吕·快活三過朝天子〕老風情有句云：「得遇知心，私情機密，有風聲我怕誰。」兩相比較，如出一轍，曾瑞對留鞋記的著作權是不必懷疑的。

留鞋記主要寫王月英與郭華的愛情故事。大意謂王月英母女在開封相國寺西開胭脂鋪度日。洛陽秀才郭華來汴赴考不中，因慕月英之美而日以買脂粉爲由接近月英。月英寫書約郭於元宵節晚上在相國寺觀音殿相會，郭因醉酒卧觀音殿不醒，月英等至四更后才以羅帕包鞋爲表記而去。郭酒醒后悔恨不已，遂吞帕噎倒氣絶。其書僮以寺僧謀殺主人罪告至開封府。包公命張千扮貨郎尋找失鞋之人，終將月英母女捉拿。問出原委后，復押月英去殿中尋羅帕，月英將羅帕從郭口中取出，郭復活。包公判二人結爲夫婦。

雜劇取材於流傳故事。最早記載這個故事的是南朝宋人劉義慶的幽明録買粉兒。這則故事的主要情節是：青年男女以買賣胡粉而通款曲。女至男方家幽會，男因興奮過度而「歡踴遂死」。男方父母以胡粉尋得女，女「具以實陳」，并往哭尸。男復活，二人結爲夫婦。

故事雖然没有寫出男女主人公的姓名，但是却肯定了青年男女私相「愛樂」與大膽的結合，這也是一種對封建禮教的挑戰行爲了。女子哭尸，男子死而復活，雙雙結成夫妻，表達了愛情戰勝死亡的理想。后來的「崔護謁槳」等同類題材從中受到啓發。

在商品經濟十分繁榮的兩宋時代，皇都風月主人編緑窗新話輯郭華買脂慕女郎故事一則，對流傳故事有很大發展。大意謂由儒而商的郭華，因買脂粉而與店中女郎通款曲，女約郭次日去后花園小亭相會。「及期，華因遇親友話」誤約，女候至二鼓留鞋爲記而去。郭悔恨吞鞋，「氣噎而絶」。店主人據鞋、粉尋得女。女與郭父同往視郭。郭復活，二人結爲夫婦。

從買粉兒到留鞋記、郭華買脂慕女郎是一次重大的發展。男主人公的名字出現了，還增添了一些重要情節，其中最主要的有以下三點：

一，二人約定了時間、地點相會之后，郭華誤約；

二，女郎「久候不來」，乃留鞋爲記而去；

三，郭悔恨吞鞋，「氣噎而絶」。

有了郭華誤約、女郎留鞋、郭華吞鞋等情節，爲曾瑞寫留鞋記奠定了良好的基礎。有的研究者指出，它「實爲元人雜劇王月英元夜留鞋記所本」，很有道理〔十五〕。可能早於曾瑞雜劇的「宋元舊篇」有王月英元夜留鞋記戲文〔十六〕，作品雖然不傳，而女主人公的名字却傳了下來；「元夜」的提示，也爲曾瑞安排男女主人公約會時間提供了根據。總之，戲文對雜劇的創作是産生了影響的。

曾瑞的留鞋記雖然從流傳故事取材，但它并不是流傳故事的翻版。與前代作者相比較，他對愛情婚姻問題的認識更全面、發掘更深刻，他看到了市民意識的覺醒、力量的强大和對社會生活的多方面影響。在創作過程中，他結合個人生活閱歷和經歷，以自己對男女愛情婚姻的理解，對流傳故事作了新的認識，增添了前人所没有的東西：愛情自由、婚姻自主、官府支持。從表面上看，流傳故事也不是没有上述思想，但是，從深處分析，就會發現作者思想上具有前人所没有的一些新的東西。在他筆下的愛情自由，不是一般青年男女因感情冲動的一見相傾，而是男主人公追求愛情經過迂回曲折和長期等待，女主人公在對愛情有了較清醒認識之后才發展爲行動的。婚姻自主，也不是一般才子佳人那樣私下約會，生米煮成熟飯，迫使封建家長承認既成事實，然后狀元及第、洞房花燭，而是受禮教壓迫最深的女主人公當着官府和封建家長，在公堂上理直氣壯地自己做主。官府支持，也不是某個賢明官員旌獎義夫節婦，主觀地下個斷語，促成男女主人公團圓，而是官員先傾聽女方家長及當事人意見之后才下斷語，把「本等該問罪的」女子判爲「永遠團圓」。官府對男女主人公自由愛情的支持表明，封建王法和禮教在青年男女正當的自由愛情面前讓步了，退却了。曾瑞對愛情婚姻的認識，一直貫穿在整個作品之中，它表現了作者强烈的反封建民主思想和對現存社會秩序的批判精神。

和流傳故事一樣，留鞋記劇情也是從郭華因慕胭脂鋪女郎「嬌色」、就「每推買胭脂粉」而互通款曲開始的。所不同的是，作品寫了這位名叫王月英的女郎爲什麽會坐鋪經商和非同一般的生活意趣。王月英是獨生女兒，父親去世，母親年過五旬，鋪中并無伙計幫忙，因此，她不得不抛頭露面，坐鋪營業。長期的都市生活，又親自經營生意，耳濡目染，一言一行，也就很容易越出封建禮教道德種種清規戒律，她的生活意趣和社會價值觀念也就發生了變化。她坐守胭脂鋪，希望買賣通暢，生意興隆，「這早晚怎不見人買胭脂那！」可見她關心的是生意、是掙錢，她是一個自食其力的市民姑娘。這位市民姑娘在追求愛情方面不僅表現得十分主動和大膽，而且這種主動和大膽還是建立在理性認識基礎之上，是帶有一定自覺意識的行爲。憑着她的觀察力，看出「早使過了偌多千」錢財來買脂粉的郭華是「把這脂粉作因由」，她不僅没有回避，相反，她還主動與之搭話；主動爲郭買脂粉當參謀；主動以詩柬約會；主動留下羅帕與綉鞋。……當然，類似這樣以男方首先向女方表示愛情，女方願意接受后就十分主動大膽的情節，在其他小説、戲劇中也并非罕見，如孫玉娘之於楊曼卿〔十七〕、李千金之於裴少俊〔十八〕、瓊蓮之於張羽〔十九〕等。這些作品中的女主人公對愛情的追求也是十分主動、熾熱和執著的，但是，如果和留鞋記中女主人公王月英相比較，就會發現前者或有一定感情基礎，或未能完全擺脱封建禮教的束縛；而后者雖然也生活在封建禮教統治之下的封建社會，也受到一定程度的禮教的約束，但在總的思想性格上却比前者更大膽、更無所顧忌：

（梅香云：）母親知道呵，可怎了也？（正旦唱：）休怕我母親知，抵多少姻緣相會：卓文君駕香車歸故里，漢相如到他鄉發志氣；薛瓊瓊有宿緣僊世期，崔懷寶花園中成匹配；韓彩雲芙蓉亭遇故知，崔伯英兩團圓直到底。

這的是佳人有意，都做了年少的夫妻，那會真詩就是我傍州例。便犯出風流罪，暗約下雨雲期，常言道：「風情事那怕人知！」

她不怕封建家長知曉，不管社會輿論指責。在王月英看來，從古至今，風流韵事不僅多得很，而且還傳爲美談。卓文君、薛瓊瓊、韓彩雲等都是因爲「佳人有意」才「都做了年少的夫妻」。這些人都是自己效法的榜樣，没有什麽可怕。即使「犯出風流罪」，也要「暗約下雨雲期」。這里不僅有「古已如此」的根據，恐怕更重要的還是現實生活中風流韵事的支持。這表明她對自己所追求的愛情有堅定的信念，有不顧一切、勇往直前的進取精神。她主動約郭華相會，并如期赴約。郭華酒醉誤約悔恨吞帕「噎倒」。風月案變成了人命案，母女二人被傳訟公堂。而郭華復活，人命案本可撤銷，包公或以「背地通書，約人私會」之名對其治罪；或聽其擇配，從寬發落；或就此下斷，促使結合，他完全有權決定。而這位元代人民心目中的包公，一位受到市民意識影響的封建政府官員，却没有採取上述任何一種辦法，倒是別出心裁地詢問王母：「如今那秀才幸得不死，你可肯將女孩嫁與那秀才麼？」頗有點民主作風。作爲一家之長的王母也没有妄作主張，她對女兒的婚事也不包辦代替，而是征求女兒本人意見。她回答包公説：「爺爺問我，女孩兒肯，便嫁了他吧。」王月英没有羞羞答答不語，也没有謙讓推與母親作主，而是以女兒家特有的方式對母親和包公吐露心事，做到了自己真正作主：「俺娘親敢自專，待擇英賢匹配嬋娟，……問什麽鸞膠續斷弦，巴不得順水便推船。呀！謝恩官肯見憐，休拗折并頭蓮，莫掐殺雙飛燕。」聽完母女回答，包公才正式宣判説：「既如此，你一行人聽老夫下斷……」前一句三個字，充分表現了一個封建政府的地方官員對婚姻當事人自主權利的尊重。這樁婚事，家長不包辦代替，封建官府支持，當事人真正作主，作者看到了元代市民意識在追求自由愛情中的真正覺醒及其所産生的深廣影響。

曾瑞生活的杭州，在南宋時就十分繁榮。據時人所記，其「山水明秀，民物康阜」，超過了北宋東京「十倍」〔二十〕。其他姑且不説，僅以街市點燈之耗費就可見一斑：「慶元（宋宁宗時代，公元一一九五至一二〇〇年）間……巷陌爪札，歡門挂燈，南至龍山，北至北新橋，四十里燈光不絶……挂燈或用玉栅，或用羅帛，或紙燈，或裝故事，你我相賽。」〔二十一〕蒙古滅宋，杭州没有遭到多大破壞，關漢卿〔南吕·一枝花〕杭州景就描寫了改朝换代後的杭州城，仍然是「滿城中綉幕風簾，一哄地人烟凑集」、「百十里街衢整齊，萬餘家樓閣參差」的繁榮景象。作者生活在這樣一個市民力量比較强大的都市，又與「市井」下層人物聯係密切，耳濡目染，受到他們的影響，表現他們的願望與要求，這是很自然之事。具體到留鞋記來説，作者還滲透了自己在北方的生活經歷，如前面所述，他完全有可能來到宋、金兩代建都的開封，觀看過開封的元宵燈節，不然，元宵憶舊套曲和留鞋記中的元宵觀燈就不可能寫得那樣逼真和生動。

元宵憶舊：

凍雪才消臘梅謝，却早撃碎泥牛應節。柳眼吐些些，時序相催，斗把鰲山結。

業緣心腸，那煩惱何時徹？對景傷情，怎捱如年夜。燈火闌珊，似萬朵金蓮謝；車馬閧閧，賽一火鴛鴦社。

留鞋記二折：

車馬踐塵埃，羅綺籠烟靄，燈球兒月下高擡。這回償了鴛鴦債，則願的今朝賽。

天澄澄恰二更，人紛紛鬧九垓……你看那月輪呵光滿天，燈輪呵紅滿街，沸春風管弦一派，趁游人擁出蓬萊。莫不是六鰲海上扶山下，莫不是雙風雲中駕輦來，直恁的人馬相挨。

從套曲首句看，這不是回憶南方的燈節，而是回憶開封的燈節。開封元宵的燈節，在北宋時就十分隆重，上至天子，下至庶民，都争相欣賞。東京夢華録元宵記云：

正月十五日元宵，大内前自歲前冬至后。開封府縛山棚……奇術异能，歌舞百戲，鱗鱗相切，樂聲嘈雜十餘里……至正月七日，人使朝辭出門，燈山上綵，金碧相射，錦綉交輝。……綵山左右，以綵結文殊、普賢、跨獅子白象，各於手指出水五道，其手摇動。

開封的元宵觀燈，歷代相傳，至今不衰。由此可見，留鞋記不僅取材流傳故事，而且也確實有作者與劇中人物「類似的經歷」，它表現了作者的進步思想，滲透了他一段悖逆禮教的生活體驗。就作品矛盾中冲突的展開與解決、人物形象的塑造來説，曾瑞對豐富多彩的元雜劇是作出了自己貢獻的。

三

在元代散曲作家中，曾瑞也可以算得上是多産作家之一。他現存的百首（含套數，下同）左右的散曲，在文學史上也可以佔一席地位。

散曲作爲一種合樂可歌的詩歌體裁，它與文學史上的詩歌一樣，也是以言志、抒懷、咏物、寫景爲其主要特點的。由於文學作品總是要通過作家頭腦的主觀認識、加工纔能創造出來，因此，不管寫什麼對象，總也擺脱不了作家的主觀色彩。所謂情景交融，物我滲透，大概就是對這一特殊現象的解釋。在他現存的百首左右散曲中，按其題材不同大致可以分爲寫男女之情、個人之志、客觀之物等三個方面。這三個方面不是彼此無緣、各不相干，相反，而是互相滲透，互爲表里，情志結合，物我混一。其中寫男女之情者數量最大，新思想也最突出。根據粗略統計，這類作品大約有六十首左右。

男女不能自由相愛，這是封建禮教重壓之下的一個突出問題。作者結合多方面的生活感受，爲那些情天情海中的痴男怨女呼喊，如〔中吕・喜春來〕相思二首之一云：

你殘花態那衣叩，咱減腰圍攢帶鈎，這般情緒幾時休。思配偶，争奈不自由。

如此毫不掩飾地喊出「不自由」，這在文人作品中是不多見的。在對待男女自由愛情方面，有的作品還表現了與留鞋記中相似的思想，如前面所引老風情曲：「得遇知心，私情機密，有風聲我怕誰！你任誰，問伊，硬抵着頭皮諱。」與留鞋記中「風情事那怕人知」完全是一個調子。這是作者對封建禮教的大膽挑戰。

還有不少作品表現了作者的情愛觀念，反映了痴男怨女們由於種種原因所帶來的離愁別恨之苦。如〔南吕·四塊玉〕閨情三首，〔南吕·駡玉郎過感皇恩採茶歌〕四時閨怨四首、閨情一首，〔中吕·喜春來〕離情一首，〔中吕·山坡羊〕妓怨一首，〔黄鍾·醉花陰〕元宵憶舊套、懷離套等，這些作品，除了寫思婦們的痛苦之外，有的作品還寫出了與情人離別是出於外力壓迫。如〔中吕·喜春來〕離愁云：

奴因寄恨招災禍，他爲尋芳中綱羅，柳嫌花妒百千合。成間闊，教俺怎存活。

大概是女子給情人寫信約會，情人前來赴約遭到打擊而被迫分離。

從留存的一些散曲看，作者與身處社會下層的歌兒舞女還有過比較密切的接觸，有一段「鶯花寨」、「雨雲鄉」的「浪子」生活經歷，如〔中吕·紅綉鞋〕風情十首、〔商調·梧葉兒〕贈喜温柔十首、〔黄鍾·醉花陰〕元宵憶舊套等。其中贈喜温柔十首很值得一談。

據青樓集記載：

喜温柔，曾九之妻也，姿色秀麗，而舉止温柔。淮、浙馳名，老而不衰。

説集本青樓集謂喜温柔「姓曹氏」、「善化（花）旦雜劇」〔二十二〕，是雜劇演員。作者與她交往是在她與曾九結婚之前或以后則弄不清楚。從曲文看，她色藝雙全，「蟾宫閉，花兒羞，鶯嚦嚦，囀歌謳。……都壓盡墻花路柳」；個性比較强，「心腸拽，模樣兜。……偏能會將没作有」、「尋破綻，覓優頭，將恩愛變成仇。去呵咒，來呵瞅，……省可里扭頭拗手」、「閑尋斗，不肯休，折證倒看誰羞。……自落得出乖弄丑。」看來，這位色藝雙全的女藝人，經常與作者鬧别扭，對曾瑞的某些行爲也似乎很不放心，「他垂釣，誰上鈎，休妝賴，幾曾有，得你意，平生够。……怎禁你行監坐守。」可能有一個女子對曾瑞很好，以致喜温柔很不願意，對他步步相隨，形影不離。這類作品，大概是作者冶游生活的真實寫照。

作者與歌兒舞女相處，可能因爲纏頭不豐還帶來過不愉快。在他的一些散曲里，多次提到蘇卿、雙生故事以發抒其不平静的心情。如〔南吕·四塊玉〕嘲妓家云：「奴非不愛雙生俊，孛老嚴，坡撇狠，錢上緊」；〔中吕·喜春來〕妓家云：「無錢難解雙生悶，有鈔能驅倩女魂」；〔中吕·快活三過朝天子〕勸娼云：「敬富嫌貧，賢愚不辨，想蘇卿也識見淺」；〔越調·斗鵪鶉〕風情套云：「蘇卿不嫁窮雙漸，敗旗兒莫颭。」鴇兒嫌貧愛富，送舊迎新，把妓女當成覓錢工具，逼迫她們趕逐花光了錢財的子弟，乃是司空見慣之事。關漢卿的金錢池、石君寶的曲江池都寫了這類題材，曾瑞對此的感受也很深刻。

這位「志不屈物」的作者，還有三十來首感懷嘆世之作。在這些作品里，他直抒對人世功名富貴、人我是非的見解，表達了對詩酒隱逸生活的追求。誠然，和許多封建知識分子一樣，曾瑞有過「功名希望何時就，書劍飄零是日休」（〔喜春來〕未遂）的追求和所求不遂的感嘆；也看到了仕途到處都是「萬丈潭，千尋坎」（〔四塊玉〕述懷）的陷阱，誰要掉進去就將像吳中之蠶，落個「皮作錦，繭作絲，蛹燙死」（〔四塊玉〕嘆世）的可悲下場。他回顧了歷史人物的不同遭遇，否定了圖虛名而落實禍的屈原的「無轉醒」，肯定了「正當權肯覓個脱身術」的范蠡「有見識」（〔快活三過朝天子〕警世）。他認爲一切名利都似「夢中身，石中火，水中鹽」（〔行香子〕嘆世），完全不可依恃；「誰才能誰霸道誰王佐，只落得高冢麒麟卧」，到頭來都是一樣下場。大至争奪天下，小至個人遭遇，都是命運安排，「氣難吞，吳、魏亡了諸葛；道不行，齊、梁喪了孟軻，天數難那」。伯夷、叔齊、屈原、墨子、許由等人們所稱道的先賢，也不是自己學習的榜樣，自己追求的是詩酒隱逸的平安生活：「學劉伶般酒里酡，做坡仙般詩里魔，樂閑身有何不可。」不管人世一切寵辱成敗，人我是非，自己抱定了一個信念：「養拙潛身躲灾禍，由恁是非滿乾坤也近不得我」（以上皆見〔正宫·端正好〕自序套曲）。否定功名利禄、人我是非，追求遠離塵世糾紛的恬適之境，完全可以和馬致遠的〔雙調·夜行船〕秋思套相媲美。

曾瑞還寫了一些寫景咏物的散曲。無論是寫自然之景，或是寫生活中常見之物，字里行間，又都滲透了作者的社會評價和個人感情色彩。在一些描寫自然景物的作品中，或寫西湖之景，以抒發清高出世之情（〔正宫·醉太平〕「相邀士夫」首）；或咏雪天之梅，以抒發不與世俗同流合污的雅致（〔喜春來〕咏雪梅）；或寫江村漁家之樂，以抒發對恬澹生活的追求（〔喜春來〕江村即事）；或寫暮秋山光水色，以抒發游子飄零之感（〔山坡羊·過青哥兒〕過分水關）。這些作品，從不同方面表現了作者是一個不求世俗名利的「神仙中人」。

另外一些咏物的作品，多是借物言志，表達作者對社會某些生活現象的觀感和評價。如〔般涉調·哨遍〕古鏡套，就以咏古鏡之名，以表達對人才被埋没的感嘆和對理想政治的追求，既指出了「古鏡」雖然「分毫無縷瑕，光瑩潔玉宣」，能够使人「愁觀衰貌，喜照芳妍」，似還公正；但是，這種「衰貌」、「芳妍」只是人的表面現象，而不是人的内在本質：「可憐内潔幾曾知，鸞臺無用空懸。」對於「古鏡」來説，它毫無能力辨識。這里表達了一個德才兼備而生不逢辰的士人的牢騷情緒。對於現實政治，作者也寄托了一些理想：「若回光返照仁人面，廉潔分明自然顯。」「返照」云云，就是要執政諸公去發現和辨識操守「廉潔」的「仁人」，而這種寄托的依據，却正好暴露了執政諸公的不明和世事的不平。

秋扇套也是一篇借物言志之作。作者對趨炎附勢的得志小人進行了形象的諷刺，説他們「充直性見火隨斜，便屈節」，喻其投靠權貴，卑躬屈膝，攀援而上；得志之后，便「自謂奇絶，要和時輩争優劣」，「權力在手，便争名逐利，不可一世。其實，他們「本人間器物，妝世上英杰」。這些人呼朋引類，結成同黨，本事甚微，却賣弄風流：「最難甘遞互相抬貼，賣弄他風流藴藉，只能驅一握掌中風，幾曾將煩暑除絶」。大旱之年，他們不顧百姓死活，仍舊施虐作惡：

苗稼枯木葉焦，涌泉涸井脉竭，曬曝得田畝龜紋裂。猶隨酷吏臨軒閣，不播仁風到窟穴，民灾孽。障虚名有剩，慰殘喘無些。

羊訴冤套寫得很有特點。作品賦予動物以人性，巧妙地傾吐了人世之不平。套曲以某種類型人物的不公正遭遇喻於羊之遭遇中，以羊之「性善」、「克己」（「舍命於家，就死成仁，殺身報國」諸句），反而受到屠伯的任意宰割爲題，抒發了對現實社會中「老實人吃虧」現象的不平之氣。作品以「訴冤」形式出現很具有現實的針對性。在元代，天理不公，是非顛倒，在作家生活的時代，本是這樣的社會現實：

爲善的受貧窮更命短，造惡的享富貴又壽延。（竇娥冤三折）

不讀書有權，不識字有錢，不曉事倒有人夸薦。老天只恁忒心偏，賢和愚無分辨。（無名氏〔迎僊客〕志感二首之一）

類似的作品，還有前期作家姚守中的牛訴冤套，或略與作者同時的劉時中的代馬訴冤套。它們都是不得其平而鳴之作。

總之，上面這些作品，它們從總體上表達了作者對黑暗政治的不滿、對不平世事的批判、對恬靜無争的隱士生活的追求……曾瑞確實是一個值得「江湖儒士」傾羡、「市井兒童」稱頌的「懶趨權勢，不就功名」（〔般涉調·哨遍〕思鄉套）的高人。

一九八七年九月

【注釋】

〔一〕〔三〕〔四〕〔十二〕孫楷第元曲家考略曾瑞卿。

〔二〕史記伯夷列傳。

〔五〕〔七〕鍾嗣成挽曾瑞凌波仙詞。

〔六〕曾瑞有〔梧葉兒〕贈喜温柔十首。

〔八〕曾瑞散曲〔快活三過朝天子〕老風情云：「鶯花寨不受敵，雨雲鄉納降旗」句。

〔九〕關漢卿〔南吕・一枝花〕不伏老套。

〔十〕曾瑞有〔山坡羊・過青哥兒〕過分水關散曲，觀其内容，是一篇作者記游之作。分水關，在今福建省崇安縣，距江西很近。作者有可能到此一游。

〔十一〕曾瑞〔般涉調・哨遍〕思鄉套似寫在大都思念杭州之情：「正宴樂皇都，忽憶吴山，頓思越境。」

〔十三〕此劇作者歷來有兩説：一説是曾瑞，主此説者有臧晋叔、王國維、隋樹森、王季思先生等；一説是無名氏，主此説者有朱權、録鬼簿續編的作者、嚴敦易、傅惜華先生等。

〔十四〕中山大學學報哲學社會科學論叢古代戲曲論叢第二輯，一九八五年十月出版。

〔十五〕古典文學出版社一九五七年版緑窗新話校補者周夷按語。

〔十六〕徐渭南詞叙録。

〔十七〕皇都風月主人緑窗新話楊生私通孫玉娘。

〔十八〕白樸墻頭馬上雜劇。

〔十九〕李好古張生煮海雜劇。

〔二十〕灌圃耐得翁都城紀勝序。

〔二十一〕西湖老人繁勝録。

〔二十二〕據中國古典戲曲論著集成（二）青樓集喜温柔校文。

小令

〔正宫〕醉太平〔一〕

相邀士夫〔二〕，笑引奚奴〔三〕，湧金門外過西湖〔四〕，寫新詩弔古。蘇隄〔五〕隄上尋芳樹，斷橋橋畔沽醽醁〔六〕，孤山山下醉林逋〔七〕，灑梨花暮雨。

【校注】

〔一〕〔醉太平〕小令，録自元楊朝英輯朝野新聲太平樂府卷五。

〔二〕「士夫」，男子之統稱。金元好問聶孝女墓銘：「不於士夫，一女之畀。」

〔三〕「奚奴」，奴僕。周禮天官序官：「酒人，……奚三百人。」注云：「古者從坐男女没入縣官為奴，其少才知以為奚。……或曰：奚，宦女。」本指女奴，後統稱男女奴僕為奚奴。新唐書李賀傳：「每旦日出，騎弱馬，從小奚奴，背古錦囊，遇所得，書投囊中。」

〔四〕「湧金門」，杭州城門名。又名豐豫門。宋吳自牧夢粱録卷七杭州：「城西門者四：曰錢塘門；曰豐豫門，即湧金。」「湧」，原作「擁」。

〔五〕「蘇隄」，杭州西湖堤名，又名蘇公隄。宋史蘇軾傳載，宋哲宗元祐間，軾因累與王安石等政見相悖，乃出知杭州，「見茅山一河專受江潮，鹽橋一河專受湖水，遂浚二河以通漕。……又取葑田積湖中，南北徑三十里，為長隄以通行者。……隄成，植芙蓉、楊柳其上，望之如畫圖，杭人名為蘇公隄。」

〔六〕「斷橋」，杭州西湖橋名，又名寶佑橋或孤山橋。宋吴自牧夢粱録卷七倚郭城北橋道云：「西湖孤山路曰寶佑橋，俗呼斷橋。」又同書卷十二西湖亦云：「……孤山橋，名寶祐，舊呼曰斷橋。」「醽醁」，酒名。晉葛洪抱樸子知止：「密宴既集，醽醁不撤。」亦作「醁醽」、「緑酃」。

〔七〕「孤山」，西湖山名。宋周密武林舊事卷五湖山勝概孤山路目列孤山名，下注云：「舊有柏堂、竹閣、四照閣、巢居閣、林處士廬，今皆不存。」林逋，宋錢塘（今杭州市）人。字君復。隱居孤山，二十年不入城市，種梅養鶴以自娱，因有「梅妻鶴子」之稱。善行書，喜為詩。卒謚和靖先生。「醉」，清瞿鏞鐵琴銅劍樓藏明刊本朝野新聲太平樂府作「酬」。

〔南吕〕四塊玉〔一〕

述懷（五首）

其一〔二〕

冠世才〔三〕，安邦策〔四〕，無用空懷土中埋〔五〕，有人跳出紅塵外〔六〕。七里灘〔七〕，五柳宅〔八〕，名萬載。

【校注】

〔一〕〔南吕・四塊玉〕小令二十首，録自明無名氏輯樂府羣珠卷二。原前五首皆題為述懷，以下各首另標題目。明郭勛輯雍熙樂府卷十八亦録此二十首小令，皆不注撰人。

〔二〕雍熙樂府卷十八有〔四塊玉〕辭官二首，此其末首。

〔三〕「冠世才」，謂才華冠世也。晉書陸機傳：「（機）少有異才，文章冠世，伏膺儒術，非禮不動。」

〔四〕「安邦策」，治國之謀略與計策。周禮天官冢宰大宰之職：「教典以安邦國。」

〔五〕「無用」句，雍熙樂府作「死後空陪黃壤埋」。

〔六〕「紅塵」，本佛家語，謂人世間也。宋陸游鷓鴣天詞：「插柳紅塵已是顛，更求平地上青天。」「有人」，雍熙樂府作「吾今」，「外」，作「海」。

〔七〕「七里灘」，地名，在今浙江省桐廬縣嚴陵山西。兩山相峙，風景秀麗。東漢高士嚴子陵隱居於此。光武帝劉秀即位，累徵召，皆不就。事見後漢書逸民列傳嚴光傳。元宮天挺有七里灘雜劇，敷演此事。

〔八〕「五柳宅」，晉陶潛恥「為五斗米折腰」，棄官隱居江西潯陽柴桑，於宅邊植柳樹五，因自號「五柳先生」。見陶潛五柳先生傳。

其　二

白酒篘〔一〕，黃柑扭，樽俎臨溪枕清流〔二〕，醉時歌罷黃花嗅。香已殘〔三〕，蝶也愁〔四〕，飲甚酒。

【校注】

〔一〕「篘」，以竹篾編成之漉酒器。此指以篘漉酒。宋陸游與兒輩小集詩：「吳秔新擣酒新篘。」

〔二〕「枕清流」，南朝宋劉義慶世説新語排調：「孫子荊年少時欲隱，語王武子『當枕石漱流』，誤曰『漱石枕流』。王曰：『流可枕，石可漱乎？』孫曰：『所以枕流，欲洗其耳；所以漱石，欲礪其齒。』」喻高潔行為。

〔三〕「香已殘」，謂花凋謝也。唐羊士諤郡中即事詩之二：「紅衣落盡暗香殘，葉上秋光白露寒。」

〔四〕「蝶也愁」，與香殘皆喻時光消逝。宋蘇軾九日次韻王鞏詩：「相逢不用忙歸去，明日黄花蝶也愁。」「愁」，雍熙樂府作「羞」。

其　三

鷄恰啼，人忙起，利逼名煎苦相催，爭如我夢胡蝶睡〔一〕。由你好〔二〕，笑我癡，强似你〔三〕。

【校注】

〔一〕「胡蝶睡」，莊子齊物論：「昔者莊周夢爲胡蝶，栩栩然胡蝶也，自喻適志與，不知周也。俄然覺，則蘧蘧然周也。不知周之夢爲胡蝶與，胡蝶之夢爲周與？」

〔二〕「好」，雍熙樂府作「奸」。

〔三〕「强似你」，雍熙樂府作「召不起」。

其　四

雪滿簪，霜垂頷，老拙隨緣苦無貪〔一〕，狂圖多被風波渰〔二〕。享大財〔三〕，得重銜〔四〕，休笑俺。

【校注】

〔一〕「隨緣」，隨其機緣，不加勉强。北齊書陸法和傳：「法和所得奴婢，盡免之，曰：『各隨緣去。』」

〔二〕「風波」，喻人世糾紛或災難。唐元稹酬周從事望海亭見寄詩：「不辭狂復醉，人世有風波。」「狂圖」，雍熙樂府作「枉圖」。

〔三〕「大財」，雍熙樂府作「重禄」。

〔四〕「得重銜」，雍熙樂府作「居大財」。

其五〔一〕

衣紫袍〔二〕，居黄閣〔三〕，九鼎沉如許由瓢〔四〕，調羹無味教人笑〔五〕。棄了官，辭了朝，歸去好。

【校注】

〔一〕雍熙樂府卷十八有〔四塊玉〕陶朱四首，此其第二首。

〔二〕「紫袍」，紫色衣服，古為帝王及貴官公服。韓非子外儲説左上：「今王（齊桓公）欲民無衣紫者，王請自解紫衣而朝。」又左傳哀公十七年：「良夫乘衷甸，兩牡，紫衣狐裘。」注：「紫衣，君服。」南北朝以降，紫衣又為貴官公服，見新唐書車服志等。

〔三〕「黄閣」，漢代丞相聽事閣及漢以後三公官署廳門塗黄色，故稱黄閣。漢衛宏舊漢儀上：「丞相……聽事閣曰黄閣。」宋書禮志二：「三公黄閣，前史無其義。……三公之與天子，禮秩相亞，故黄其閣，以示謙不敢斥天子。」唐時門下省亦稱黄閣。

〔四〕「九鼎」，古代象徵國家政權之傳國之寶。史記孝武本紀：「禹收九牧之金，鑄九鼎，象九州。」「許由瓢」，許由，上古之高士。漢蔡邕琴操河間雜歌箕山操：「許由者，古之貞固之士也。堯時為布衣，夏則巢居，冬則穴處。饑則仍山而食，渴則仍河而飲，無杯器，常以手捧水而飲之。人見其無器，以一瓢遺之。由操飲畢，以瓢挂樹。風吹樹動，曆曆有聲，由以為煩擾，遂取損之。」此句言九鼎雖重，許由視之，則如風吹瓢響，不勝其煩也。「如」，雍熙樂府作「似」。

〔五〕「調羹」，或曰「調鼎」。尚書説命下：「若作和羹，爾惟鹽梅。」鹽、梅皆調味品。意謂商王武丁立傅説為相，欲其治理國家，如調鼎中之味，使協調也。此句意謂身處權要，無才理國，若調鼎無味，反令人嘲笑矣。「調羹」，雍熙樂府作「甘美」。

閨情〔一〕

孤雁悲〔二〕，寒蛩泣〔三〕，恰待團圓夢驚回，淒涼物感愁心碎。翠黛顰〔四〕，珠淚滴，衫袖濕。

【校注】

〔一〕雍熙樂府卷一八有〔四塊玉〕恩愛四首，曲牌誤作「寨兒令」，此其第三首。

〔二〕「孤雁悲」，南朝梁蕭綱夜望單飛雁詩：「天霜河白夜星稀，一雁聲嘶何處歸。早知半路應相失，不如從來本獨飛。」南朝梁蕭子範夜聽雁詩：「連翩辭朔氣，嘹唳獨南歸。」「孤雁」，此喻離羣孤獨之人。

〔三〕「寒蛩泣」，寒蛩，秋冬時之蟋蟀。唐羊士諤郡中翫月詩：「鵲驚銀河斷，蛩悲翠幕幽。」宋張耒秋感詩：「蛩啼獨不已，有怨未逢解。」「蛩」，雍熙樂府作「螿」。

〔四〕「翠黛」，古代女子畫眉之青黑色化妝品，此處指眉。

感懷

春色殘，鶯聲懶，百歲韶光夢槐安〔一〕，功名縱得成虛幻〔二〕。一跳身，百尺竿，難轉眼。

【校注】

〔一〕「百歲」，謂人之一生也。詩經葛生：「夏之日，冬之夜，百歲之後，歸於其居。」槐安夢，喻得失無常也。唐李公佐南柯太守傳載：廣陵書生淳于棼，宅南有古槐，枝幹修永。棼生日醉臥其下，夢至大槐安國，妻公主，為南柯太守二十年，生五男二女，備極榮顯。後與敵戰而敗，公主亦卒，被遣歸。即醒，見家童擁篲於庭，斜日未穩，餘樽猶在，因尋槐樹下，槐安國者，槐樹下之大蟻穴也；南柯郡乃槐南枝下之一小蟻穴。

〔二〕「縱得成虛幻」，雍熙樂府、清莊親王九宮大成南北詞宮譜俱作「算來皆虛幻」。

〔三〕「百尺竿」，喻權位之高。宋阮閱詩話總龜卷一三：「王文穆（欽若）罷相帥，朝士皆有詩，陳從易詩最佳，云：『百尺竿頭穩下來。』」

嘆　世

萬丈潭，千尋埳〔一〕，一線風濤隔僊凡〔二〕，勸君莫被虛名賺〔三〕。無厭心，呆大膽，誰再敢。

【校注】

〔一〕「千尋埳」，古以八尺為一尋，千尋極言其長；「埳」同「坎」，坑穴。「千尋埳」極言其深，喻世事險不可測也。「尋」，樂府羣珠原作「潯」，茲據雍熙樂府。「埳」，雍熙樂府作「坎」。

〔二〕「一線風濤隔僊凡」，史記封禪書：「使人入海求蓬萊、方丈、瀛洲。此三神山者，其傳在勃海中，去人不遠；患且至，則船風引而去。蓋嘗有至者，諸僊人及不死之藥皆在焉。其物禽獸盡白，而黃金銀為宮闕。未至，望之如雲；

及到，三神山反居水下。臨之，風輒引去，終莫能至云。世主莫不甘心焉。」

〔三〕「勸君」句，雍熙樂府作「識破休被功名賺」。

嘲俗子〔一〕

買笑金〔二〕，纏頭錦〔三〕，得遇知音可人心〔四〕，倦逢狂客天生沁〔五〕。扭死鶴〔六〕，劈碎琴〔七〕，不害磣〔八〕。

【校注】

〔一〕元周德清中原音韻、明蔣一葵堯山堂外紀並録此曲，不注撰人。雍熙樂府卷十八有〔四塊玉〕妓情四首，曲牌誤作〔寨兒令〕，此其第三首。

〔二〕「買笑金」，狎妓所花之錢。唐劉禹錫懷妓詩之二：「情知點污投泥玉，猶自經營買笑金。」

〔三〕「纏頭錦」，古代歌舞藝人表演時以錦纏頭，演畢，觀者以羅錦為贈，稱纏頭。後為贈送妓女財物之統稱。唐杜甫卽事詩：「笑時花近眼，舞罷錦纏頭。」

〔四〕「人心」，雍熙樂府作「心人」。

〔五〕「狂客」，狂放任誕，不羈禮俗之人。新唐書賀知章傳：「知章晚節尤誕放，遨嬉里巷，自號四明狂客及秘書外監。」唐杜甫寄李十二白二十韻詩：「昔年有狂客，號爾謫仙人。」此指朝秦暮楚之人、薄倖之人。「沁」，通「寖」，醜陋也。史記魏其武安侯列傳：「武安者，貌侵。」集解：「侵音寖，短小也；又云醜惡也。」「倦」，中原音韻作「怕」。

〔六〕「扭死鶴」，喻恩愛中絶也。三國魏曹植白鶴賦：「痛良會之中絶兮，遘嚴災而逢殃。共太息而祇懼兮，抑吞聲而不揚。」古稱交心伙伴為鶴侶，故此以鶴死喻恩愛關係斷絶。「扭」，雍熙樂府作「捽」。

〔七〕「劈碎琴」，喻不成知音也。吕氏春秋本味載：春秋楚伯牙善鼓琴，鍾子期善聽之。子期死，伯牙破琴絶絃，終身不復鼓琴。

〔八〕「害磣」，宋元習語，意謂害羞、難堪。

閨情

簪玉折〔一〕，菱花缺〔二〕，舊恨新愁亂山疊〔三〕，思君凝望臨臺榭。魚雁無〔四〕，音信絶，何處也？

【校注】

〔一〕「簪玉折」，喻夫妻離散，姻緣中絶。唐白居易井底引銀瓶詩：「井底引銀瓶，銀瓶欲上絲繩絶；石上磨玉簪，玉簪欲成中央折。」元林坤誠齋雜記上：「謂汾陰女子吳淑姬，有玉簪墮地而折，不久夫死。」「簪玉」，雍熙樂府作「玉簪」。

〔二〕「菱花缺」，菱花，鏡子也。「菱花缺」用樂昌公主破鏡重圓事。唐孟棨本事詩情感：「陳太子舍人徐德言之妻，後主叔寶之妹，封樂昌公主，才色冠絶。時陳政方亂，德言知不相保，謂其妻曰：『以君之才容，國亡必入權豪之家，斯永絶矣。儻情緣未斷，猶希相見，宜有以信之。』乃破一鏡，各執其半，約曰：『他日必以正月望日，賣於都市，我當在，即以是日訪之。』及陳亡，其妻果入越公楊素之家，寵嬖殊厚。德言流離辛苦，僅能至京。遂以正月望日訪於都市。有蒼頭賣半鏡者，大高其價，人皆笑之。德言直引至其居，設食具言其故。出半鏡以合之。乃題詩曰：『鏡與人俱去，鏡歸人不歸。無復嫦娥影，空留明月輝。』陳氏得之，涕泣不食。素聞之，愴然改容，即召德言，還其妻，仍厚遺之。」此言别後不得團圓。宋文天祥滿江紅詞：「笑樂昌、一段風流，菱花缺。」

〔三〕「舊恨新愁」，喻愁恨之深重。唐雍陶憶山寄僧詩：「新愁舊恨都難説，半在眉間半在胸。」

〔四〕「魚雁」，指書信。古傳魚雁皆可傳書遞信。漢蔡邕飲馬長城窟行詩：「客從遠方來，遺我雙鯉魚。呼兒烹鯉魚，中有尺素書。」漢書蘇建傳附蘇武傳：「武帝時蘇武出使匈奴被拘，義不屈，罰使北海牧羊。昭帝初年，『匈奴與漢和親，漢求武等，匈奴詭言武死。後漢復使至匈奴，常惠請其守者與俱，得夜見漢使，具自陳過。教使者謂單于，言天子射上林中，得雁，足有擊帛書，言武等在某澤中。使者大喜。如惠語以讓單于。單于視左右而驚，謝漢使曰：『武等實在。』」「無」，雍熙樂府作「杳」。

酷吏

官況甜，公途險，虎豹重關整威嚴〔一〕，讎多恩少人皆厭〔二〕。業貫盈〔三〕，横禍添〔四〕，無處閃。

【校注】

〔一〕「虎豹重關」，楚辭招魂：「虎豹九關，啄害下人些。」注：「言天門凡有九重，使神虎豹執其關閉，主啄齧天下欲上之人而殺之也。」「九關」，類重關也。

〔二〕「人皆厭」，雍熙樂府作「皆堪嘆」。

〔三〕「業貫盈」，宋元習語，意謂為非做惡够了。同惡貫滿盈。亦作「業罐滿」。

〔四〕「添」，雍熙樂府作「滿」。

嘆世

羅網施〔一〕，權豪使，石火光陰不多時〔二〕，劼活若比吳蠶似〔三〕。皮作錦，繭作絲，蛹盪死。

【校注】

〔一〕「羅網」，本捕鳥之具，喻世網也。漢劉向說苑敬慎：「君子慎所從，不得其人，則有羅網之患。」

〔二〕「石火」，言時光之短暫如擊石取火，一閃即逝也。晉潘岳河陽縣作詩之一：「頴如槁石火，瞥若截道飈。」下注引古樂府詩曰：「鑿石取火能幾時？」

〔三〕「劼活」，小心翼翼地活着。「劼」，慎也。吳蠶，吳地善養蠶，因稱蠶之良種為吳蠶。

閨情

髻亂窩，釵橫墮〔一〕，饍減愁添怎存活〔二〕，抽籤擺卦為工課〔三〕。花貌衰〔四〕，鬼病磨，何日可。

【校注】

〔一〕「釵橫墮」，喻夜不成眠或慵於梳洗。後蜀孟昶避暑摩訶池詩：「簾開明月獨窺人，攲枕釵橫雲鬢形。」

〔二〕「鐠」，雍熙樂府作「貎」。
〔三〕「工課」，宋元習語，意謂日常練習之事。元鄭廷玉金鳳釵雜劇：「覓不的粗衣淡飯且淹消，窮秀才工課覓分毫。」亦作「功課」。「擺」，雍熙樂府作「打」。
〔四〕「花貎衰」二句，雍熙樂府作「形兒衰，病兒魔」。

美足小

地錦踏，香風颯，款步金蓮蹴裙紗〔一〕，纖柔嬌襯凌波韈〔二〕。軟玉鈎〔三〕，新月牙，可喜殺〔四〕。

【校注】

〔一〕「金蓮」，喻女子小足。南史齊東昏侯紀：「又鑿金蓮花以帖地，令潘妃行其上，曰：『此步步生蓮花也。』」宋盧炳踏莎行詞：「明眸翦出玉為肌，鳳鞋弓小金蓮襯。」「裙」，雍熙樂府作「湘」。
〔二〕「凌波韈」，謂女子行步體態輕盈。三國魏曹植洛神賦：「凌波微步，羅韈生塵。」
〔三〕「鈎」，當為「鉤」之誤。「玉鉤」，彎月也。南朝宋鮑照翫月城西門廨中詩：「蛾眉蔽珠櫳，玉鉤隔瑣窻。」唐李賀七夕詩：「天上分金鏡，人間望玉鉤。」
〔四〕「喜」，雍熙樂府作「妒」。

嘲妓家

黃肇村〔一〕，馮魁蠢〔二〕，雖有通神鈔和銀〔三〕，奴非不愛雙生俊。孛老嚴〔四〕，坡撇狠〔五〕，錢上緊。

【校注】

〔一〕黄肇之名，出自宋元間蘇卿雙漸故事，或作黄召、黄詔或黄超，元人多有提及者。關漢卿雙調碧玉簫云：「黄召風虔，蓋下麗春園。」無名氏雙調新水令云：「黄詔奢豪，雙郎窮薄。」又雙調沽美酒過快活年云：「黄超廝戀纏，馮魁又倚着家緣。」又王曄與朱凱有題雙漸小卿問答，其雙調慶東原題為黄肇退狀。今人趙景深中國戲曲初考雙漸和蘇卿依據大量材料推斷，「黄詔即黄肇，大約是個捐水木梢的，冒充是蘇卿的丈夫，以免馮魁來奪。」此泛指狎妓者。「村」，宋元習語，意為愚蠢、粗野。雍熙樂府作「利」。

〔二〕馮魁，蘇卿雙漸故事中人物。據流傳故事稱：盧州妓蘇小卿與書生雙漸相匿。假母貪江西茶商馮魁之財，將小卿許嫁馮魁。路過金山寺，小卿題詩於壁以寄意。後雙漸追趕小卿經此，見詩循跡而往尋，得見小卿。經官府判斷，二人團圓。此亦泛指狎妓者。

〔三〕「雖有」，雍熙樂府作「惟有」。

〔四〕「孛老」，元曲中扮老年男子之角色。雍熙樂府作「鴇兒」。

〔五〕「坡撇」，宋元習語，意謂面容、臉色。「狠」，樂府羣珠作「哏」。

樂飲（二首）

其一

紫蟹肥，白醪美〔一〕，萬事無心且銜杯，醉鄉忘盡人間世〔二〕。定夜鐘，報曉雞，魂夢裏。

【校注】

〔一〕「醪」，濁酒也。史記袁盎傳：「乃悉以其裝齎置二石醇醪。」

〔二〕「醉鄉」，指醉中境界。唐杜牧華清宫三十韻詩：「雨露偏金穴，乾坤入醉鄉。」新唐書王績傳：「著醉鄉記以次劉伶酒德頌。」

其二

鹿煮肥，魚煎鮓〔一〕，白酒初熟菊方花，醅渾巾漉何須榨〔二〕。酒越添，量不加，生灌殺。

【校注】

〔一〕「鮓」，經過加工之魚類食品，如醃魚、糟魚等。

〔二〕「醅渾巾漉」，言酒渾以巾濾之也。「醅」，未濾之酒；「漉」，過濾。

負心

和曲詞，調琴瑟〔一〕，謊我燃香剪青絲〔二〕，忘恩剁斷鴛鴦翅。俺左科〔三〕，喬到兒〔四〕，休再使〔五〕。

【校注】

〔一〕「琴瑟」，兩種樂器名。尚書益稷：「戛擊鳴球，搏拊琴瑟以詠，祖考來格。」琴瑟同時彈奏，其音和諧，故以之喻男女情深。詩經關雎：「窈窕淑女，琴瑟友之。」「瑟」，雍熙樂府作「指」。

〔二〕「青絲」，指黑色頭髮。古時男女交好，女子常剪頭髮一綹為表贈之物。「謊」，雍熙樂府作「偕」，「燃」，作

「撚」。

〔三〕「左科」，同「左錯」，宋元習語，意謂差錯，過失。元無名氏滿庭芳曲：「動不動尋人鬧，羅織人左錯，誰不怕俺娘焦。」「俺」，雍熙樂府作「唵」。

〔四〕「喬到兒」，即喬道兒，宋元習語，意謂歪主意、狡詐手段。

〔五〕「休再使」，雍熙樂府作「再休提」。

警世

狗探湯〔一〕，魚着網，急走沿身痛着傷〔二〕，柳腰花貌斜魔旺〔三〕。柳弄嬌〔四〕，花艷粧，君莫賞。

【校注】

〔一〕「探湯」，落水也。喻沉溺於煙花生活者。

〔二〕「沿」，雍熙樂府作「緣」。

〔三〕「柳腰」，雍熙樂府作「價要」。

〔四〕「柳弄嬌」，雍熙樂府作「價弄柔」。

村夫走院

逞富豪〔一〕，沾花草〔二〕，遍體村筋不曾挑〔三〕，入門着幾連珠炮〔四〕。骨髓剜，腦子掏，可早覺〔五〕。

【校注】

〔一〕「富」，雍熙樂府作「英」。

〔二〕「沾花草」，即沾花惹草，喻玩弄風月場。雍熙樂府作「身早朝」。

〔三〕「遍體」句，雍熙樂府作「亡身滅族誰知道」。

〔四〕「入門」句，連珠炮，喻搶白、呵斥之類。「入門着幾」，雍熙樂府作「八門陣上」。

〔五〕「可早」，雍熙樂府作「方纔」。

〔南吕〕駡玉郎過感皇恩採茶歌〔一〕

四時閨怨

春

花飛春去愁偏甚，情緣惡夢難禁〔二〕，分釵破鑑別離讖〔三〕。淚滿襟，鸞拆衾，鴛分枕。絃斷瑶琴〔四〕，髻墜瓊簪〔五〕。玉消香，裙退錦，釧憁金〔六〕。郎歡娱未審，妾煩惱特深。慵針指，懶梳掠，倦登臨。悶相侵，恨相尋，閑愁閑悶緑成陰〔七〕。念想逐宵渾廢寢〔八〕，相思無日不傷心。

【校注】

〔一〕〔南吕〕罵玉郎過感皇恩採茶歌九首，録自元楊朝英輯朝野新聲太平樂府卷五。

〔二〕「惡夢」，元刊八卷本、瞿氏鐵琴銅劍樓藏明刊本朝野新聲太平樂府俱作「惡悶」。

〔三〕「分釵破鑑别離讖」，言夫妻分離也。藝文類聚卷三二南朝梁陸罩閨怨詩：「自憐斷帶日，偏恨分釵時。」「破鑑」，即破鏡，言樂昌公主與夫徐德言分離，各以半鏡為執，後破鏡終得團圓。詳見本書第九頁〔南吕·四塊玉〕閨情「簪玉折」首注〔二〕。「讖」，預兆吉凶禍福之言。「鑑」，明無名氏輯樂府羣珠作「鏡」。

〔四〕「絃斷瑶琴」，知音不覓也。宋岳飛小重山詞：「欲將心事付瑶琴，知音少，絃斷有誰聽。」「瑶琴」，有玉飾之琴。

〔五〕「髻墜瓊簪」，慵於梳洗整妝，狀怨之深也。

〔六〕「釧惚金」，猶言金釧鬆。喻人消瘦也。元王實甫西廂記雜劇：「聽得道一聲去也，鬆了金釧；遥望見十里長亭，減了玉肌。」「惚」，樂府羣珠作「鬆」。

〔七〕「閑愁閑悶」，宋歐陽修浣溪沙詞：「乍雨乍晴花自落，閑愁閑悶晝偏長。」

〔八〕「逐宵」，近人盧前正續飲虹簃所刻曲詩酒餘音作「連宵」。

夏

紗廚煙淡波紋簟〔一〕，鶯午夢恨厭厭〔二〕，别離情緒難絶念。悶轉添，恨轉添，愁無厭。問世求籤，有苦無甜。痛無心，調錦瑟〔三〕，對粧奩。淚淹殘杏臉，愁壓損眉尖。歡娱儉，愁檢束〔四〕，悶拘鉗〔五〕。　近雕簷，簌朱簾〔六〕，困人天氣扇慵拈。雲髻髯鬆愁病染，湘裙寬掩舞腰纖。

【校注】

〔一〕「紗廚」，即紗帳也。一作「紗幮」。唐司空圖王官詩之二：「盡日無人只高臥，一雙白鳥隔紗幮。」「簟」，竹席。

〔二〕「厭厭」，氣息不均貌。

〔三〕「錦瑟」，繪紋如錦之瑟。唐李商隱錦瑟：「錦瑟無端五十絃，一絃一柱思華年。」

〔四〕「檢束」，檢點約束。唐姚合武功縣中作詩之七：「自嫌多檢束，不似舊來狂。」

〔五〕「拘鉗」，同拘箝，宋元習語，意謂拘束、限製。元白樸〔陽春曲〕題情：「奶奶催逼緊拘鉗，甚是嚴。」

〔六〕簌，疑為「簌」，音策，擊也，敲也。

秋

斜陽萬點昏鴉亂〔一〕，閑樓閣映林巒，漫天愁悶為奴伴。眉黛攢〔二〕，秋水漫〔三〕，柔腸斷。刀攪錐剜，情苦心酸。晚簾櫳，籠雙鳳，鎖孤鸞。病身屬恨管，暮景序愁端。雲初判〔四〕，月正圓，夜漫漫。景難觀，悶難搬〔五〕，流蘇空掩枕衾寬〔六〕。暗想有緣添恨滿，料應無夢繼情歡。

【校注】

〔一〕「昏鴉」，黄昏時歸林之烏鴉。宋沈端節南歌子詞：「遠樹昏鴉鬧，衰蘆睡鴨雙。」秋日昏鴉，多寫離人愁苦。元馬致遠〔越調·天净沙〕秋思曲：「枯藤老樹昏鴉。」

〔二〕「眉黛」，古時女子以黛畫眉，因稱眉為眉黛。唐李商隱代贈詩之二：「總把春山掃眉黛，不知供得幾多愁。」「攢」，雙眉聚而不展也。

〔三〕「秋水漫」，秋水，喻眼波。唐白居易筝詩：「雙眸剪秋水，十指剥春葱。」「漫」，百無聊賴，隨意而望也。

〔四〕「判」，分也。此指散開。

〔五〕「閎」，近人盧前正續飲虹簃所刻曲詩酒餘音作「夢」。

〔六〕「流蘇」，以彩色羽毛或絲綫製成之穗子。常用為車馬或帷帳之垂飾。後漢書輿服志上：「大行載車，其飾如金根車，……垂五綵，析羽流蘇前後。」此以流蘇代帳。

冬

同雲黯黯冰花放〔一〕，梅撲簌絮顛狂〔二〕，嚴凝寒透紅綃帳。情感傷，難抵當，愁魔障〔三〕。風竹敲窗，雪月侵廊。暮寒生，歡夢少，漏聲長〔四〕。漫魂勞意攘〔五〕，空腹熱腸荒。何曾忘，愁萬縷，淚千行。掩空堂，鎖餘香，消疎景物助凄凉。梅竹無言成閎黨〔六〕，心情懷恨入愁鄉。

【校注】

〔一〕「同雲」，雲成一色，天將降雪之迹象。詩經信南山：「上天同雲，雨雪雰雰。」「同」，明無名氏輯樂府羣珠作「彤」。「冰花放」，喻雨雪紛紛也。

〔二〕「撲簌」，下落貌。「梅」、「絮」皆喻雪花。此句摹風吹雪飄如梅花柳絮紛紛下落也。

〔三〕「魔障」，本佛家語，指神魔所設之障礙，世人不能踰越者。此意為縈繞。

〔四〕「漏聲」，滴漏之聲也。漏，古計時器。漢許慎説文：「漏，以銅受水，刻節，晝夜百刻。」唐杜甫奉和賈至舍人早朝大明宮詩：「五夜漏聲催曉箭，九重春色醉僊桃。」此「漏聲長」言夜永也。

〔五〕「意攘」，心緒煩亂。

〔六〕「梅竹無言成悶黨」，言梅竹似有預謀，亦抑鬱不樂也。黨，類也。

漁　父〔一〕

長天遠水秋光淡，天連水影相涵〔二〕，澄波萬頃漁舟泛。月滿潭，魚滿籃，船着纜。紫蟹黄柑，白酒紅蚶〔三〕。醉魂酣，杯量減，酒空罈。賴江湖壯膽，仗魚鱉供饞。睚時暫〔四〕，同苦甘，共妻男。暮雲曇〔五〕，曉山嵐〔六〕，六合為我一茅庵〔七〕。富貴榮華難強攬，衣食飽暖更無貪。

【校注】

〔一〕元無名氏輯梨園按試樂府新聲録此小令，無題目，不注撰人。

〔二〕「相涵」，互相融匯。涵，容也。

〔三〕「紅蚶」，或作「洪蚶」，為軟體動物，肉可食。晉郭璞江賦：「紫蚢如渠，洪蚶專車。」

〔四〕「睚」，樂府羣珠作「捱」。

〔五〕「曇」，密佈之雲氣。

〔六〕「嵐」，霧氣。

〔七〕「六合」，天地四方也。莊子齊物論：「六合之外，聖人存而不論。」「六合爲我一茅庵」，南朝宋劉義慶世説新語任誕：「劉伶恒縱酒放達，或脱衣裸形在屋中，人見譏之。伶曰：「我以天地為棟宇，屋室為幝衣，諸君何為入我幝中？」

風　情

酸丁詞客人多傀〔一〕，歌白苧淚青衫〔二〕，風流歇豁着坑陷〔三〕。冷句兒詀〔四〕，好話兒鴿〔五〕，踏科兒釤〔六〕。　風月貪婪，雲雨尷尬〔七〕。你粧憨，咱朔滰〔八〕，影羞慚。惜花心旋減，噀玉口牢緘〔九〕。情絶濫，意莫貪，眼休饞。　出深潭，上高巖，方知色界海中滰〔十〕。美女花嬌休去覽，老婆禪奥莫來參〔十一〕。

【校注】

〔一〕「酸丁詞客」，迂腐詞人，此指迂腐書生。「酸丁」，宋元習語，指貧窮迂腐之儒生。金董解元西廂記一：「秀才家那個不風魔，大抵這個酸丁忒劣角。」元王實甫西廂記雜劇二之三：「來回顧影，文魔秀士，風欠酸丁。」「詞客」，即詞人。唐王維偶然作詩：「宿世謬詞客，前身應畫師。」唐李白草書歌行詩：「八月九日天氣涼，酒徒詞客滿高堂。」「傀」，輕狂也。

〔二〕「歌白苧淚青衫」，「白苧」，又名「白紵」，詞調名。「淚青衫」，即流淚。唐白居易琵琶行詩：「座中泣下誰最多，江州司馬青衫濕。」

〔三〕「歇豁」，宋元習語，意謂湊熱鬧。亦作「歇和」。元馬致遠賞花時掬水月在手套曲：「伸玉指盆内蘸緑波，剛綽起半撮，小梅香也歇和，分明掌上見嫦娥。」

〔四〕「詀」，輕聲細語。明無名氏輯樂府羣珠作「呫」。

〔五〕「鵮」，鳥啄物也。此意為挖苦。

〔六〕「踏科兒鈔」，頓足捶胸地斥責。「踏科」，猶言頓足；「鈔」，砍、劈。此意為厉言相斥。

〔七〕「雲雨尷尬」，男女幽合不甚遂順。「雲雨」，戰國楚宋玉高唐賦：「昔者先王嘗遊高唐。怠而忘寢，夢見一婦人，曰：『妾，巫山之女也，為高唐之客。聞君遊高唐，願薦枕席。』王因幸之，去而辭曰：『妾在巫山之陽，高丘之阻，旦為朝雲，暮為行雨，朝朝暮暮，陽臺之下。』旦朝視之，如言，故為立廟，號曰『朝雲』。」後遂以雲雨喻男女幽合之事。「尷尬」，即尷尬，棘手、不順暢。亦作「尲尬」。雍熙樂府卷十二元無名氏行香子曲：「名利貪婪，世事尲尬，空使人白髮髭鬖。」

〔八〕「湷」，元刊本朝野新聲太平樂府本作「弇」，茲從瞿氏鐵琴銅劍樓藏明刊本及明大字寫本朝野新聲太平樂府。

〔九〕「噀玉口」，樂府羣珠作「玉口」。

〔十〕「色界」，佛家三界之一，在慾界之上。此界諸天，但有色相，無男女諸慾，故名色界。此泛指女色。

〔十一〕「老婆禪」，說禪多直言，稱反復多言者為老婆禪。此泛指禪，喻女色。宋釋道原景德傳燈録鎮州普化和尚：「一日入臨濟院，……師乃振鐸唱曰：『河陽新婦子，木塔老婆禪；臨濟小廝兒，只具一隻眼。』」宋蘇軾參寥惠楊梅詩：「莫共金家鬬苦甘，參寥不是老婆禪。」

惜花春起早

春鷄夢斷雲屏夜〔一〕，銀燭短篆煙斜〔二〕，朱簾卷起梨花月〔三〕。酒暈頰，人乍怯，風兒劣。

綠映紅〔四〕遮，似錦障周折〔五〕。金沙軟睡鴛鴦，楊柳晴啼杜宇，牡丹暖宿胡蝶。花枝蹀躞〔六〕，花影重疊。木香洞薰蘭麝〔七〕，荼蘼架飄玉雪〔八〕，蒼苔徑繡紋纈〔九〕。秋千外月兒斜，西樓畔鳥聲歇，海棠絲穿透露珠兒趄〔十〕。宿酒禁持人困也〔十一〕，東風寒似夜來些。

【校注】

〔一〕「春鶊」句：春鶊，唐錢起晚歸藍田舊居詩：「引藤看古木，嘗酒祝春鶊。」「雲屏夜」，於雲屏之下度夜也。

〔二〕「篆煙」，香之煙縷。宋蘇軾宿臨安浄土寺詩：「閉門羣動息，香篆起煙縷。」

〔三〕「梨花月」，即朦朧之月。宋晏殊寓意詩：「梨花院落溶溶月，柳絮池塘淡淡風。」「雲屏」，畫雲之屏風。晉張協七命：「雲屏爛汗，瓊壁青葱。」

〔四〕「映」，明無名氏輯樂府羣珠作「快」。

〔五〕「周折」，環繞也。「障」，明朱權太和正音譜作「繡」。

〔六〕「蹀躞」，小步貌，此指微微摇動。

〔七〕「木香」句，「木香」，本名蜜香，又名青木香。多年生草本，根可入藥。「蘭麝」，蘭與麝香。皆香料。南朝宋鮑照中興歌詩之三：「綵墀散蘭麝，風起自生芳。」

〔八〕「荼蘼」句，「荼蘼」，即酴醾，花名，因色似酴醾酒，故稱。「玉雪」，指白雪之荼蘼花。

〔九〕「紋纈」，絲織品上之花紋。此喻蒼苔斑駁，有如花紋。

〔十〕「趄」，盤旋。此喻欲滴不滴之狀。「海棠」，元刊本朝野新聲太平樂府、樂府羣珠俱作「海海」。

〔十一〕「禁持」，宋元習語，意謂約束、折磨。

閨情

才郎遠送秋江岸，斟別酒唱陽關〔二〕，臨岐無語空長嘆〔三〕。酒已闌〔四〕，曲未殘，人初散。月缺花殘〔五〕，枕剩衾寒。臉消香，眉蹙黛，髻鬆鬟。心長懷去後〔六〕，信不寄平安。拆鸞鳳，分鶯燕，杳魚雁〔七〕。對遥山，倚闌干，當時無計鎖雕鞍。去後思量悔應晚，別時容易見時難〔八〕。

【校注】

〔一〕元無名氏輯梨園按試樂府新聲録此小令，不標題目，不注撰人。

〔二〕「陽關」，曲調名。又名渭城曲或陽關三疊。唐王維送元二使安西詩：「渭城朝雨裛輕塵，客舍青青柳色新；勸君更盡一盃酒，西出陽關無故人。」後入樂府，以為送別曲。陽關，本地名，在今甘肅省敦煌縣西南。

〔三〕「岐」，集韻：「岐，分也。」「臨岐」即臨別也。

〔四〕「闌」，殘盡。

〔五〕「月缺花殘」，喻離別也。唐温庭筠和友人傷歌妓詩：「月缺花殘莫愴然，花須終發月終圓。」

〔六〕「後」，梨園按試樂府新聲作「程」。

〔七〕「魚雁」，見第十頁〔南吕·四塊玉〕閨情注〔四〕。

〔八〕「別時容易見時難」，南唐後主李煜浪淘沙令詞：「獨自莫憑欄，無限江山，別時容易見時難。」

閨中聞杜鵑

無情杜宇閒淘氣〔一〕，頭直上耳根底，聲聲聒得人心碎。你怎知，我就裏〔二〕，愁無際。簾幕低垂，重門深閉〔三〕。曲闌邊，雕簷外，畫樓西。把春醒喚起〔四〕，將曉夢驚回〔五〕。無明夜，閑聒噪，廝〔六〕禁持。我幾曾離，這繡羅帷，没來由勸我道不如歸。〔七〕狂客江南正着迷〔八〕，這聲兒好去對俺那人啼。

【校注】

〔一〕「杜宇」，鳥名。又名「子規」、「杜鵑」。傳為古蜀主望帝（杜宇）所化，啼聲悲切，如「不如歸去」之類。禽經杜鵑「蜀右曰杜宇」。晉張華注引漢李膺蜀志：「望帝稱王於蜀，得荆州人鱉靈，便立以為相，「後數歲，望帝以其功高，禪位於鱉靈，號曰開明氏。望帝修道，處西山而隱，化為杜鵑鳥，或云化為杜宇鳥，亦曰子規鳥，至春則啼，聞者淒惻。」

〔二〕「就裏」，宋元習語，意謂內中、內幕。元王實甫西廂記雜劇四之三：「尋思起就裏，險化做望夫石。」

〔三〕「重門」，深門。易繫下：「重門繫柝。」南齊謝朓觀朝雨詩：「平明振衣坐，重門猶未開。」

〔四〕「春醒」，謂春日醉酒。「酲」，病酒也。

〔五〕「曉夢驚回」，唐鄭谷遊蜀（或作蜀中春景）詩：「不忿黃鸝驚曉夢，惟應杜宇信春愁。」

〔六〕「廝」，相也。「禁持」，宋元習語，意謂折磨。

〔七〕「没來由」句，「没來由」，宋元習語，意謂無緣無故。「不如歸」，象聲詞，即杜鵑鳥鳴聲，為催促歸家或思歸之辭。宋范仲淹越上聞子規詩：「春山無限好，猶道不如歸。」也作「不如歸去」。

〔八〕「狂客」，狂放不羈之人。見第八頁「南吕・四塊玉」感懷「春色殘」首注〔五〕。瞿氏鐵琴銅劍樓藏明刊本朝野新聲太平樂府作「征客」。

〔中吕〕迎僊客

風情（三首）〔一〕

其一

施計策，硬栽排〔二〕，把明皇没攔地揣過來〔三〕。假承踏〔四〕，休闌闠〔五〕，借債我做着傍牌〔六〕，可敢别燒上風流怪。

【校注】

〔一〕風情三首，録自明無名氏輯樂府羣珠卷四。

〔二〕「栽排」，宋元習語，意謂安排、處置。元馬致遠青衫淚雜劇：「好教我出於無奈，潑前程只辦的好栽排。」

〔三〕「把明皇」句，明皇，即唐玄宗李隆基。王鍈詩詞曲語辭例釋假承塌云：「此曲似用楊玉環與梅妃爭寵事，詞意不可盡曉。」「没攔地」，同「没忽地」，宋元習語，意謂一下子、不問青紅皂白。

〔四〕「承踏」，同「承塔」、「承頭」，宋元習語，意謂應允、答應。元宫天挺范張鷄黍雜劇：「這三件事我索承頭，你身亡之後不須優。」

〔五〕「闌闠」，卽「鬧闠」、「挣挫」，宋元習語，意謂挣扎。元馬致遠等黄粱夢雜劇：「他如何敢鬧闠，我其實無刣劃。」

〔六〕「傍牌」，宋元習語，意為擋箭牌。元鄭光祖三戰吕布雜劇：「傍牌遮箭魚鱗砌，硬弩雕弓密密排。」

其二

成密寵，正情濃，休聽外人冷句兒噥〔一〕。劣冤家，小業種〔二〕，情我做着屏風，可休別鑿透桃源洞〔三〕。

【校注】

〔一〕「冷句」，宋元習語，即諷刺挖苦之言。元張可久寨兒令曲：「啞謎猜破，冷句調唆，便知道待如何？」

〔二〕「冤家」、「業種」，皆所歡之昵稱。唐無名氏醉公子詞：「剗襪下香階，冤家今夜至。」宋黄庭堅晝夜樂詞：「其奈冤家無定據，約朝雲又還雨暮。」金董解元西廂記四：「薄情業種，咱兩個彼各當年，休休！」

〔三〕「別鑿透桃源洞」，猶言別另尋新歡也。桃源洞，本天臺山洞府，此喻愛情。太平廣記天臺二女：「（晉）劉晨、阮肇入天臺採藥，遠不得返……遂渡山，出一大溪。溪邊有二女子，色甚美，見二人持盃，便笑曰：『劉、阮二郎捉何盃來。』劉、阮驚，二女遂忻然若舊相識，曰：『來何晚耶？』因邀還家。東南二壁，各有絳羅帳，帳角懸鈴，上有金銀交錯。各有數侍婢令使。其饌有胡麻飯、山羊脯、牛肉，甚美。食畢行酒，俄有羣女持桃子，笑曰：『賀汝婿來。』酒酣作樂。亱後各就一帳宿，婉態殊絶。至十日求還，苦留半年……鄉邑零落，已十世矣。」元馬致遠有劉阮誤入桃源洞雜劇，敷演此事。

其三

我共你，莫相離，肉鐵索更粘如膠共漆。繫着眉毛，結着鬏髻〔一〕，硬頂着頭皮，熬一箇心先退。

【校注】

〔一〕「鬌髻」，髮髻也。鬌，剃之本字。

〔中吕〕紅繡鞋

風情（十首）〔一〕

其一

值暮景煙花領袖，點秋霜風月班頭〔二〕，少年狂翻作老來羞〔三〕。有人處把些禮數〔四〕，無人處結遍綢繆〔五〕，任誰問休道喒共你有〔六〕。

【校注】

〔一〕風情十首，録自明無名氏輯樂府羣珠卷四。雍熙樂府卷十八亦録此十曲，題作十有。明張栩輯彩筆情辭卷五録其中五曲，俱注為元人辭。

〔二〕「煙花領袖」、「風月班頭」，皆指風月場中之能手。「領袖」、「班頭」，高人一籌者。元關漢卿〔南吕・一枝花〕不伏老套曲：「我是箇普天下郎君領袖，蓋世界浪子班頭。」「值暮景」，雍熙樂府作「暮春景」。

〔三〕「少年狂」，謂少年時言行狂放。唐羅虬比紅兒詩之八十七：「不似紅兒些子貌，當時爭得少年狂。」

〔四〕「禮數」，禮儀之等級。此意謂禮貌。

〔五〕「綢繆」，情意深厚、纏綿。「結遍」，雍熙樂府作「結會」。

〔六〕「喒共你有」，雍熙樂府作「有」，無「喒共你」三字。

其　二

假認義做哥哥般親厚〔一〕，行人情似妹妹般追逐〔二〕，着小局斷兒包藏着鬼胡由〔三〕。明講着昆仲禮〔四〕，暗結了燕鶯儔〔五〕，似恁般誰猜疑我共你有〔六〕。

【校注】

〔一〕「假認義」句，雍熙樂府作「假認做哥哥親厚」。

〔二〕「行人」句，雍熙樂府作「往和來妹妹追遊」。

〔三〕「局斷」，同「局段」，宋元習語，意謂手段、計策。金董解元西廂記卷七：「説盡虛脾，使盡局段，把人贏勾廝欺謾，天須開眼！」「鬼胡由」，亦作「鬼狐由」、「鬼狐猶」，宋元俗語，意謂鬼混、胡攪。雍熙樂府此句作「人情裏包藏鬼胡由」。

〔四〕「昆仲」，即兄弟。昆為兄，仲為弟。此意為兄妹。「禮」，雍熙樂府作「禮貌」。

〔五〕「燕鶯儔」，喻夫妻關係。「儔」，伴侶也。「了燕」，雍熙樂府作「燕侶」。

〔六〕「似恁般」句，雍熙樂府作「任誰問休道有」。

其　三

祆廟火既燒着皮肉〔一〕，藍橋水已渰過咽喉〔二〕，緊按捺風聲滿南州〔三〕。便畢罷了終是點污〔四〕，若成合了到敢風流〔五〕。不恁麽呵也道是有〔六〕。

【校注】

〔一〕元無名氏輯梨園按試樂府新聲下録此曲，不注撰人。

〔二〕「祆廟火」，即火。「祆廟」，拜火教祆神之廟。古波斯蘇魯支所創之教名祆教。該教以火為最聖潔之物，故稱火教或拜火教。淵鑑類函卷五八引蜀志云：「昔蜀帝生公主，詔乳母陳氏乳養，陳氏攜幼子與公主居禁中。約十餘年後，以宮禁出外六載。其子以思公主疾亟，陳氏入宮有憂色。公主詢其故，陰以實對。公主遂托幸祆廟為名，期與子會。公主入廟，子睡沈。公主遂解幼時所弄玉環，附之子懷而去。子醒見之，怨氣成火，而廟焚也。」「既燒着」，梨園樂府按試新聲、雍熙樂府、彩筆情辭俱作「燒着」。

〔三〕「藍橋水」，即水。藍橋，橋名。在陝西藍田縣東南藍溪之上。傳説其地有僊窟，即唐裴航遇僊女雲英處。見太平廣記卷五十裴航。「水已渰過」，梨園按試樂府新聲作「下水渰到」，雍熙樂府、彩筆情詞俱作「水渰過」。

〔四〕「南州」，泛指南方之地。戰國楚屈原遠遊：「嘉南州之炎德兮，麗桂樹之冬榮。」此句梨園按試樂府新聲作「按納着風聲兒幾時休」。「按捺」，雍熙樂府作「按納」。

〔五〕「便畢」句，梨園按試樂府新聲作「畢罷了終須是點污」，雍熙樂府、彩筆情辭俱作「畢罷了終是染污」。

〔六〕「到敢」，或者，説不定。「若成合」，雍熙樂府、彩筆情辭俱作「成合」，「到敢」俱作「到是」。

〔七〕「不恁」句，梨園按試樂府新聲作「不恁的也人道有」，雍熙樂府、彩筆情辭俱作「不恁麽也道有」。

其　四

會雲雨風也教休透，閑是非屁也似休偢〔一〕，去那無縫鎖上十字兒紐一箇封頭〔二〕。由那快掄鍬的閃着手腕〔三〕，散楚的叫破咽喉〔四〕，俺兩個痛關心的情越有〔五〕。

【校注】

〔一〕「俅」，同「瞅」，理睬。元王實甫西廂記雜劇一之三：「今夜淒涼有四星，他不俅人待怎生。」「也似」，雍熙樂府、彩筆情辭俱作「似」。

〔二〕「無縫鎖」，喻保守隱密。此句雍熙樂府、彩筆情辭俱作「那無縫鎖上十字紐。」

〔三〕「閃」，宋元俗語，即扭傷。此句雍熙樂府、彩筆情辭俱作「輪鍬的閃了手腕」。

〔四〕「散楚」，宋元習語，意謂説話，此意為背後議論。亦作「散嗽」。

〔五〕「情」，樂府羣珠作「清」。此句雍熙樂府、彩筆情辭俱作「咱關心情越有」。

其　五

期白晝家前院後，約黄昏雨歇雲收〔一〕，知他是你賣風他負德我胡搊〔二〕。由你義秧兒栽箇強證〔三〕，草本兒指箇牽頭〔四〕，見如今他共我有〔五〕。

【校注】

〔一〕「約黄昏」，玉臺新詠古詩為焦仲卿妻作：「菴菴黄昏後，寂寂人定初。」「歇」，雍熙樂府作「散」。

〔二〕「知他」句，雍熙樂府作「你賣風負得我搜搊」。

〔三〕「由你」句，「義秧兒」，同「義男兒」，宋元習語，意謂情人、丈夫。「強證」，猶言可靠的誓願。此句雍熙樂府作「由你意幾箇強證」。

〔四〕「草本兒」，宋元俗語，草本植物，春生秋謝，喻時間短暫。「牽頭」，男女關係之牽綫人。「指」，雍熙樂府作

「揹」。

〔五〕「見如今」句，雍熙樂府作「我和他現今有」。

其　六

題橋志文章錦繡〔一〕，駕車心體態溫柔〔二〕，女貌郎才忒風流〔三〕。語言間情暗許〔四〕，眼色內意相投〔五〕，兩箇委實無人道做有〔六〕。

【校注】

〔一〕「題橋志」，謂高遠之志。晉常璩華陽國志：「昇僊橋在成都縣北十里，即司馬相如題橋柱，曰：『不乘駟馬高車，不過此橋。』」唐杜甫投贈哥舒開府翰二十韻詩：「壯節初題柱，生涯獨轉蓬。」前蜀韋莊東陽贈別詩：「去時此地題橋去，歸日何年佩印歸！」

〔二〕「駕車心」，晉裴啟語林：「潘安仁（岳）至美，每行，老嫗以果擲之，滿車。」晉書潘岳傳：「岳美姿儀，……少時常挾彈出洛陽道，婦人遇之者，皆連手縈繞，投之以果，遂滿車而歸。」

〔三〕「女貌」，雍熙樂府、彩筆情辭俱作「更女貌」。

〔四〕「情」，雍熙樂府、彩筆情辭俱作「情思」。

〔五〕「內」，雍熙樂府作「裏」。「意」，彩筆情辭作「意緒」，雍熙樂府作「意兒」。

〔六〕「兩箇委實」，雍熙樂府、彩筆情辭俱作「實」，無「兩箇委」三字。

其　七

口兒快特婪侃嗽〔一〕，脚兒勤推戀俳優〔二〕，每日家弄子裏茶房中緊相逐〔三〕。為俺待的厚〔四〕，也傐氣快要的惡也忒情熟〔五〕，因此上外人觀恰便似有〔六〕。

【校注】

〔一〕「特娑侃嗽」，謂話語特別多也。「特娑」，同「特煞」，宋元習語，意謂十分、過分。「侃嗽」，猶言夸夸其談。

〔二〕「脚兒」句，「推」，推磨也，宋元習語，比喻嫖客勤於為妓女奔走效勞。「俳優」，本指以樂舞為戲謔之藝人。荀子王霸：「俳優、侏儒、婦女之請謁以悖之。」此指妓女。「推」，雍熙樂府作「誰」。

〔三〕「每日」句，雍熙樂府作「茶坊裏每日緊相逐」。

〔四〕「為俺」句，雍熙樂府作「他待我情懷忒厚」。

〔五〕「傐氣」，或言「傐心」，急躁也。莊子山木：「方舟而濟於河，有虛船來觸舟，雖有傐心之人，不怒。」此句雍熙樂府作「要笑間心緒忒熟」。

〔六〕「因此」句，雍熙樂府作「因此上人道有」。

其　八

閑談笑踏科尋鬬〔一〕，但離別覓縫兒承頭〔二〕，好一會弱一會廝奚酬〔三〕。着廝拾啜為了題目〔四〕，閑打駡做了開頭，兩箇虛難當又眞箇有〔五〕。

【校注】

〔一〕「踏科」，猶言踏踏，喻奔走不停也。雍熙樂府此句作「談叙間插科尋鬬」。

〔二〕「承頭」，宋元習語，意謂成合。元喬吉金錢記雜劇：「但能够及早承頭，害則害，甘心兒為他僝僽。」此句雍熙樂府作「舉止處覓縫承頭」。

〔三〕「奚酬」，調笑耍鬧也。此句雍熙樂府作「好一會忽又歹一謗」；彩筆情辭作「好一會忽又歹一籌」。

〔四〕「題目」，名義、由頭。唐白居易送呂漳州詩：「獨醉似無名，借君作題目。」此意謂借口。「着廝拾啜」，雍熙樂府、彩筆情辭俱作「廝拾掇」。

〔五〕「難當」，宋元習語，意謂使氣任性。元關漢卿一半兒曲：「罵你箇俏冤家，一半兒難當一半兒耍。」此句雍熙樂府、彩筆情辭俱作「明無情暗裏有」。

其九

喬斷案村倈雜嗽〔一〕，望梅花子弟單兜〔二〕，側脚裹姨夫做了寃讎〔三〕。蘇小小棄了舞榭〔四〕，許盼盼閉上歌樓〔五〕，似恁麽難廝着怎做得有〔六〕。

【校注】

〔一〕「喬斷案」，宋元習語，即假裝坐衙問案子，意謂裝模做樣。「喬」，詈辭，假、偽也。亦作「喬坐衙」。元無名氏貨郎旦雜劇：「有多少家喬斷案，只是罵賊禽獸。」元王實甫西廂記雜劇：「不是俺一家兒喬坐衙，説幾句衷腸話。」「村倈」，宋元習語，即粗野之人、鄉巴佬。「雜嗽」，宋元習語，意謂冷言冷語。按：此習語明代猶用之。朱有燉慶朔堂雜劇：「受了些娘雜嗽，學穩重妖嬈體態，不施呈宛轉歌喉。」按：「村」，雍熙樂府作「事撅」。

〔二〕「梅花」，代稱女子。南朝梁蕭綱梅花賦：「於是重閨佳麗，貌婉心嫺……折此芳花，舉兹輕袖。或插鬢而問人，或殘枝而相授。」藝文類聚卷八六梅：「今朝梅樹下，定有詠花人。」「子弟」，嫖客。元關漢卿救風塵雜劇：「妹子，那做丈夫的做的子弟，做子弟的做不的丈夫。」「單兜」，盡在賣弄自己。「單」，通「殫」，盡也；「兜」，賣弄。「弟」，雍熙樂府作「夷」。

〔三〕「側脚裏」句，「側脚裏」，宋元習語，意謂背後、暗中。「姨夫」，舊時妓院習俗，兩男共狎一妓，稱姨夫。宋周密癸辛雜識續集：「北人以兩男共狎一妓，則呼為姨父。」此句雍熙樂府作「閔子裹姨夫做寃讎」。

〔四〕「蘇小小」，南齊錢塘名妓。宋郭茂倩樂府詩集蘇小小歌序：「一曰錢塘蘇小小歌。樂府廣題曰：『蘇小小，錢塘名倡也，蓋南齊時人。』」唐李賀七夕詩：「錢塘蘇小小，更值一年秋。」按：南宋錢塘亦有一歌妓名蘇小小。其姊為太學生趙不敏所眷戀，小小後為不敏弟襄陽趙院判之妻。見清趙翼陔餘叢考兩蘇小小。今杭州有蘇小小墓。「棄」，樂府羣珠作「秦」。

〔五〕「許盼盼」，唐代著名歌妓，為張建封之愛妾。白居易燕子樓詩序云：「徐州故張尚書有愛妓曰盼盼，善歌舞，雅多風態。……昨日司勳員外郎張仲素繢之訪予，因吟新詩，有燕子樓三首……為盼盼作也。」又宋張君房麗情集燕子樓云：「張建封僕射節製武寧，舞妓盼盼，公納之燕子樓。白樂天使經徐，與詩曰：『醉嬌無氣力，風裊牡丹花。』公死，多以詩代問答，有詩近三百首，名謂燕子樓集。」「閉」，雍熙樂府作「閑」。

〔六〕「似恁麼」句，雍熙樂府作「恁難調怎道有」。

其　十

實鏝的剮皮割肉〔一〕，虛恩情撇閃提齁〔二〕，乾遇訕喬敷演幾時休〔三〕。粧砌末招人謗〔四〕，哮孛郎見人羞〔五〕，強折證剛道他有〔六〕。

【校注】

〔一〕「鏝」，同「謾」，隱瞞也。

〔二〕「撇閃提齁」，撇閃，同「撇撒」，宋元習語，意謂拋撇、甩開。元李行道灰闌記雜劇：「我這裏揝住衣服，則被他撇撇我階直下。」「提𨈆」，引起鼾聲，引申為生氣、惱怒。「撇閃提𨈆」，雍熙樂府作「做有將没」。

〔三〕「乾遇訕喬敷演」，猶言裝傻賣乖。「乾」、「喬」，皆裝模作樣之意；「訕」，傻子；「敷演」，表演。此句雍熙樂府作「遇僊娃心愛是敵頭」。

〔四〕「粧砌末」，「砌末」，劇場道具，此猶言角色。「粧砌末」意謂扮演騙人角色。此句雍熙樂府作「咱兩箇休忒粧做」。

〔五〕「哮孛郎」，「哮」，大聲唱；「孛郎」，即孛老，古代戲曲中指老年男子。「哮孛郎」言似孛老樣唱，亦裝扮騙人角色之意。此句雍熙樂府作「見人時提起也羞」。

〔六〕「折證」，對證。「他有」，雍熙樂府作「有」。

〔中吕〕喜春來〔一〕

遣　興

春

雲鬟霧鬢秋千院〔二〕，翠袖湘裙鼓吹船〔三〕，錦屏花帳六橋邊〔四〕。眞閬苑〔五〕，人醉杏花天〔六〕。

【校注】

〔一〕〔中吕・喜春來〕小令二十二首，録自明無名氏輯樂府羣珠卷一。

〔二〕雍熙樂府卷十九有〔喜春來〕遺興四首，此其第二首。

〔三〕「雲鬟」，言婦人髮鬟如雲。詩經君子偕老：「鬒髮如雲，不屑髢也。」南朝梁沈約樂將殫思未已應詔詩：「雲鬟垂寶花，輕妝染微汗。」「霧鬢」，形容女子鬢髮鬆散，其狀若霧。宋蘇軾題毛女眞詩：「霧鬢風鬟木葉衣，山川良是昔人非。」「秋千」，即鞦韆。相傳春秋齊桓公北伐山戎，始傳中國。一説為漢武帝後庭之戲。宋黃朝英緗素雜記云：「許慎説文後序徐注云：『詞人高無際作鞦韆賦，序謂漢武帝後庭之戲也。本云千秋，祝壽之詞也，語訛傳為秋千。後人不審本義，乃旁加革為鞦韆字。』案：秋千非皮革所為，又非車馬之用，不合從革。」

〔四〕「翠袖」，翠色衣袖。唐杜甫佳人詩：「天寒翠袖薄，日暮倚脩竹。」「緗裙」，淺黃色裙子。「鼓吹船」，有鼓鉦簫笳等樂器鳴奏之船只。

〔五〕「錦屏花帳」，色彩斑爛之屏幕與帳幔。六橋，橋名。在杭州西湖之外湖，名映波、鎖瀾、望山、壓堤、東浦、跨虹，宋代蘇軾始建。

〔六〕「閬苑」，即閬風之苑，僊人所居之境也。唐李商隱碧城詩：「閬苑有書多附鶴，女牆無樹不棲鸞。」

〔七〕「杏花天」，春天也。藝文類聚卷八七杏：「四民月令曰：三月杏花盛。」

夏〔一〕

金杯冷酌瓊花釀〔二〕，玉筍冰調荔子漿〔三〕，洛神西子鬭濃粧〔四〕。移畫舫〔五〕，來趁芰荷香〔六〕。

【校注】

〔一〕雍熙樂府卷十九有〔喜春來〕遺興四首，此其第四首。

〔二〕「瓊花釀」，有瓊花香味之酒也。「瓊花」，花木名，葉柔而瑩澤，花色微黄而有香。古以洛陽、杭州産者為佳。唐李白秦女休行詩：「西門秦氏女，秀色如瓊花。」「冷」，雍熙樂府作「滿」；「瓊」作「桃」。

〔三〕「玉筍」，筍之美稱。「筍」同「笋」。宋歐陽修樂哉襄陽人送劉太尉從廣赴襄陽詩：「春雪動地竹走根，錦苞玉筍味爭新。」「荔子」，即荔枝。此句雍熙樂府作「玉斝重斟桂蕊漿」。

〔四〕「洛神」，洛水女神，即宓妃。史記司馬相如傳「若夫青琴宓妃之徒」下索隱云：「如淳曰：『宓妃，伏羲女，溺死洛水，遂為洛水之神。』」三國魏曹植洛神賦序：「黄初三年，余朝京師，還濟洛川。古有人言，斯水之神，名曰宓妃。」南朝宋謝靈運江妃賦：「招魂定情，洛神清思。」「西子」，即西施，春秋時越國美女。傳説越人敗於會稽，命范蠡求得美女西施，進於吴王夫差，吴遂許和。越王勾踐生聚教訓，終得滅吴。西施歸范蠡，從遊五湖而去。其事散見於吴越春秋。「鬭」，爭相夸耀。「洛神」，雍熙樂府作「湘妃」。「鬭」，作「淡」。

〔五〕「畫舫」，裝飾華麗之遊船。唐劉希夷江南曲詩之二：「畫舫煙中淺，青楊日際微。」宋蘇軾黄魯直以詩饋雙井茶次韻為謝詩：「明年我欲東南去，畫舫何妨宿太湖。」

〔六〕「芰荷香」，「芰荷」即荷花。「芰」，菱角。兩角為菱，四角為芰。按：「芰荷香」，又為詞調名，調見宋万俟咏大聲集。

秋〔一〕

青霄霜降楓林醉〔二〕，白雁風來木葉飛〔三〕，登臨歡酌菊花杯〔四〕。圖畫裏，何必醉東籬〔五〕。

【校注】

〔一〕雍熙樂府卷十九有〔喜春來〕春遊芳草地等四首，此其第三首，題為秋飲黄花酒。

〔二〕「楓林醉」，楓葉至秋而色變紅，詩文中常以楓林形容秋色。唐杜甫寄柏學士林居詩：「赤葉楓林百舌鳴，黄泥野岸天鷄舞。」唐杜牧山行詩：「停車坐愛楓林晚，霜葉紅於二月花。」

〔三〕「白雁」，左傳哀公七年：「曹鄙人公孫彊好弋，獲白鴈。」宋彭乘續墨客揮犀白鴈至則霜降：「北方有白鴈，似鴈而小，色白，深秋則來，白鴈至則霜降，河北人謂之霜信。杜甫詩云『舊國霜前白鴈來』，即此也。」「雁」，同「鴈」。「風來木葉」，雍熙樂府作「南騰樹葉」。

〔四〕「菊花杯」，猶言「菊花酒」。舊俗於重陽節多飲此酒。唐張説湘州九日城北亭子詩：「寧知洹水上，復有菊花杯。」唐崔曙九日登望僊臺呈劉明府詩：「且欲近尋彭澤宰，陶然共醉菊花杯。」此句雍熙樂府作「望遠登高飲村杯」。

〔五〕「東籬」，晉陶淵明飲酒詩之五：「採菊東籬下，悠然見南山。」後因以借指菊花或種菊之處。唐岑參九日使君席奉餞衛中丞赴長水詩：「為報使君多泛菊，更將絃管醉東籬。」「何必醉」，雍熙樂府作「沈醉卧」。

離　情〔一〕

雲慳雨澁歡娱儉〔二〕，雁杳魚沉鬱悶添〔三〕，舊愁新恨上眉尖〔四〕。淹淚臉〔五〕，誰問苦懨懨〔六〕。

【校注】

〔一〕雍熙樂府卷十九有〔喜春來〕離思四首，此其末首。

〔二〕「雲慳雨澁」，喻男女幽合渠道不暢。「慳」，缺少；「澁」，不光滑也，同「澀」。

〔三〕「雁杳魚沉」，喻音訊不通。「雁」、「魚」，指書信。見第十頁〔南吕・四塊玉〕閨情注〔四〕。

〔四〕「上眉尖」，雍熙樂府作「兩眉攢」。

〔五〕「臉」，雍熙樂府作「眼」。

〔六〕「懨懨」，精神不振貌。宋歐陽修定風波詞：「把酒送春惆悵甚，長恁，年年三月病懨懨。」「苦」，雍熙樂府作「病」。

秋夜閨思〔一〕

悽惶淚濕鴛鴦枕〔二〕，慘淡香消翡翠衾〔三〕，惱人休自悵蛩吟〔四〕。驚夜寢，鄰院搗寒砧〔五〕。

【校注】

〔一〕雍熙樂府卷十九有〔喜春來〕盼望四首，此其第二首。

〔二〕「悽惶」，悲傷恐懼。唐羅隱投所思詩：「浮生七十今三十，從此悽惶未可知。」此徑指悲傷。金董解元西廂記：「兩口兒合是成間別，天教受此悽惶苦。」「鴛鴦枕」，繡有鴛鴦之枕頭。

〔三〕「慘淡」，凄涼景象。漢董仲舒春秋繁露治水五行：「金用事，其氣慘淡而白。」唐岑參白雪歌送武判官歸京詩：「瀚海闌干百尺冰，愁雲慘淡萬里凝。」「翡翠衾」，即飾有翡翠鳥圖形之被子。翡翠，鳥名。亦稱翠雀，羽多色，可為飾品。雄赤曰翡，雌青曰翠。「淡」，雍熙樂府作「慘」。

〔四〕「蛩吟」，卽蛩聲，蟋蟀之鳴聲也。唐白居易禁中聞蛩詩：「西窗獨闇坐，滿耳新蛩聲。」「休自悵蛩聲」，雍熙樂府作「砌畔促織聲」。

〔五〕「寒砧」，深秋時之砧聲。砧，搗衣石。唐沈佺期古意呈補闕喬知之詩：「九月寒砧催木葉，十年征戍憶遼陽。」南唐後主李煜搗練子令詞：「深院静，小庭空，斷續寒砧斷續風。」

秋　閨　思

庭槐破夢秋風撼，妾淚聯珠夜雨攙〔一〕，朝雲無計出湘潭〔二〕。休問俺，司馬淚青衫〔三〕。

【校注】

〔一〕「聯珠」，珍珠聯串，喻落淚之多。「攙」，混雜。

〔二〕「朝雲」句，言閨中女子無法排遣相思之苦也。

〔三〕「司馬淚青衫」，見本書第二一頁〔南吕·四塊玉〕風情注〔二〕。元馬致遠據此意作青衫淚雜劇，敷演白居易與妓女裴興奴戀愛事。「青衫」，唐製，文官八品九品服以青。

春　閨　思〔一〕

蜂蝶困歇梨花夢〔二〕，鶯燕飛迎柳絮風〔三〕，強移蓮步出簾櫳。心緒冗〔四〕，羞見落花紅。

【校注】

〔一〕雍熙樂府卷十九有〔喜春來〕憶美四首，此其末首。

〔二〕「蜂蝶」句，藝文類聚卷九七蛺蝶：「古詩曰：胡蝶胡高飛，暮宿桑樹間。」南朝梁徐昉賦得蝶依草詩：「那知不夢作，眠覺也恒飛。」此以蜂蝶困歇喻門庭寂寞、追逐者稀也。

〔三〕「柳絮風」，唐喻鳧遊暖泉精舍詩：「纜舸蒲花水，縈帆柳絮風。」

〔四〕「冗」，煩亂。

相思（二首）〔一〕

其一

你殘花態那衣叩〔二〕，咱減腰圍儹帶鈎〔三〕，這般情緒幾時休。思配偶，爭奈不自由〔四〕。

【校注】

〔一〕雍熙樂府卷十九録此二曲，題為言盟。

〔二〕「那衣叩」，挪動衣扣，使衣變窄，喻因相思而消瘦也。「那」，通「挪」；「叩」，通「扣」。

〔三〕「儹帶鈎」，緊縮帶鈎，使之變短，亦人消瘦之意。「儹」，聚積，引為緊縮；「帶鈎」，古束腰帶上之金屬鈎。列子力命：「管夷吾與小白戰於莒道，射中小白帶鈎。」

〔四〕「爭奈」，即「怎奈」，無奈也。

其二

鴛鴦作對關前世，翡翠成雙約後期〔一〕，無緣難得做夫妻〔二〕。除夢裏，驚覺各東西〔三〕。

【校注】

〔一〕「後」，雍熙樂府作「有」。

〔二〕「難得做」，雍熙樂府作「若罷美」。

〔三〕「驚覺」，雍熙樂府作「驚散」。

妓家（二首）〔一〕

其一

無錢難解雙生悶〔二〕，有鈔能驅倩女魂〔三〕，粉營花寨緊關門〔四〕。咱受窘，披撇見錢親〔五〕。

【校注】

〔一〕雍熙樂府卷十九有〔喜春來〕妓情四首，此其第一首。

〔二〕「雙生悶」，雙生，即雙漸。宋元戲曲小說中人物。永樂大典卷二四五引醉翁談録云：閭江知縣女蘇小卿，與書生雙漸相悪，後父亡㚒揚州，流落為娼，為商人娶去，在江上遇雙漸，遂私奔京都，終成夫婦。元王實甫蘇小卿月夜泛茶船雜劇敷演其事。此指嫖客。「解雙生悶」，雍熙樂府作「買蘇卿俏」。

〔三〕「倩女魂」，「倩女」，即倩娘，唐陳玄祐離魂記傳奇中人物。言衡州張鎰有女倩娘，與表兄王宙相戀，而鎰却將之另適他人。倩娘抑鬱成疾，致使魂離軀體，與王宙結為夫妻。五年後携兩子歸家，房中卧病之倩娘出迎，二女遂合為一體。元鄭光祖作迷青瑣倩女離魂雜劇，敷演此事。

〔四〕「粉營花寨」，或作「花營錦陣」，宋元習語，指妓院。

〔五〕「披撇」，即「坡撇」，宋元習語，意謂面容、面色。雍熙樂府作「坡撇」。

其二〔一〕

沾花惹草沙中俏〔二〕，傅粉施朱笑裏刀〔三〕，勸君莫惜野花嬌〔四〕。零落了〔五〕，結果許由瓢〔六〕。

【校注】

〔一〕雍熙樂府卷十九有〔喜春來〕隱居四首，此其第三首。

〔二〕「沾花惹草」，比喻到處留情。「沙中俏」，暗中風流。「沙中」，水邊之地，清静無人，做事無洩密之虞，故其意為暗中、背地裏。史記留侯世家：「上在雒陽南宫，從復道望見諸將往往相與坐沙中語。上曰：『此何語？』留侯曰：『陛下不知乎？此謀反耳。』」

〔三〕「傅粉施朱」，搽粉抹紅，謂修飾打扮也。「朱」，胭脂也。戰國楚宋玉登徒子好色賦：「著粉則太白，施朱則太赤。」北齊顏之推顏氏家訓勉學：「梁朝全盛之時，貴遊子弟，……無不燻衣剃面，傅粉施朱。」「笑裏刀」，即笑中刀，指人外表善良可親，却内藏害人之心。新唐書姦臣傳李林甫：「貌柔恭，與人言，嬉怡微笑，而陰賊褊忌著於心，凡忤意者皆中傷之，時號義府『笑中刀』。」此言妓女笑臉相迎，於客則純有害也。

〔四〕「野花嬌」，喻妓女。宋胡浩然元宵詞：「休迷戀，野草閑花，鳳簫人在金谷。」此句雍熙樂府作「從今參破遠花嬌」。

〔五〕「零落了」，雍熙樂府作「都罷却」。

〔六〕「許由瓢」，見本書第五頁〔南呂·四塊玉〕述懷其五注〔四〕。此言貪戀野草閑花，終必不勝其煩擾也。

閨情

鴛鴦失配誰驚散〔一〕，燕子無雙飛興闌〔二〕，粧樓便當望夫山〔三〕。凝淚眼，無語憑欄干〔四〕。

【校注】

〔一〕「鴛鴦失配」，鴛鴦為雁鴨科動物中之最美者，雌雄偶居，相偕終老，故以之喻夫妻。「失配」，雍熙樂府作「夫配」，茲從之。

〔二〕「闌」，衰、盡。「飛」，樂府羣珠作「你」，茲從雍熙樂府。

〔三〕「望夫山」，所在多有，其著者如：其一，位於安徽當塗縣西北，亦名棗子磯。傳說昔有人往楚，久不還，其妻登此山眺望而化為石。見嘉慶一統志太平府；其二，位於江西德安縣西北。傳說昔有人從征不歸，其妻登山而望。每登必以藤箱盛土，使山漸高，故名。見水經注江水、宋王象之輿地紀勝江州景物；其三，位於山西黎城縣西北，亦名石竚山。山之南有石如人作對空凝望狀，因以為名。見水經注濁漳水、嘉慶一統志潞安府。「樓便當」，雍熙樂府作「頭倚做」。

〔四〕「欄干」，以竹木做成之遮攔物。亦作「欄杆」、「闌干」。唐元稹連昌宮詞詩：「上皇方在望僊客，太眞同憑欄干立。」

閨怨〔一〕

當時歡喜言盟誓，今日斕珊説是非〔二〕，世間你是負心賊。休賣嘴〔三〕，暗有鬼神知。

【校注】

〔一〕「閨怨」，女子意不自得、傷神哀怨之情。唐武則天織錦迴文記：「而錦字廻文，盛見傳寫，是近代閨怨之宗旨，屬文之士，咸龜鏡焉。」宋黄庭堅何主簿蕭齋郎贈詩思家戲和答之詩：「善吟閨怨斷人腸，二妙風流不可當。」

〔二〕「斕珊」，即「闌珊」，衰落、將盡也。唐白居易詠懷詩：「白髮滿頭歸得也，詩情酒興漸闌珊。」南唐後主李煜浪淘沙詞：「簾外雨潺潺，春意闌珊。」此言情衰、情滅。

〔三〕「賣嘴」，宋元習語，意謂掉唇弄舌。此指花言巧語為自己辯護。

尋樂〔一〕

湖山遣興還詩債〔二〕，杖屨尋芳釋悶懷〔三〕，村醪滿酌勸吾儕〔四〕。杯莫側，聽唱喜春來〔五〕。

【校注】

〔一〕雍熙樂府卷十九有〔喜春來〕遣興四首，此其第一首。

〔二〕「遣興」，排解愁悶。亦稱「遣懷」、「遣意」。古多用若詩題。「詩債」，他人乞詩或索和，未及酬答，有如負債，故稱。唐白居易晚春欲攜酒尋沈四著作先以六韻寄之詩：「顧我酒狂久，負君詩債多。」唐司空圖白菊雜書詩：「此生只是償詩債，白菊開時最不眠。」

〔三〕「杖屨」，扶杖漫步。唐杜甫祠南夕望詩：「興來猶杖屨，目斷更雲沙。」唐韓愈唐尚書左丞孔公墓志銘：「親戚之不仕與倦而歸者，不在東阡在北陌，可杖屨來往也。」「屨」，亦作「履」。

〔四〕「村醪」，劣質酒，「醪」，濁酒也。「吾儕」，猶言儕輩，同輩也。

〔五〕〔喜春來〕，曲調名。亦稱「陽春曲」。「唱」，雍熙樂府作「和」。

詠雪梅〔一〕

魂來紙帳香先到〔二〕，花放冰梢雪未消，浩然驢背霸陵橋〔三〕。風勢惡，休笑子猷喬〔四〕。

【校注】

〔一〕雍熙樂府卷十九録此小令，題作冬吟白雪詩。

〔二〕「魂來」句，「紙帳」，以藤皮、繭紙縫成之帳子。唐釋齊己夏日草堂作詩：「沙泉帶草堂，紙帳卷空牀。」「魂來紙帳」，宋朱敦儒鷓鴣天詞：「道人還了鴛鴦債，紙帳梅花醉夢間。」宋吳儆題鄭集之醉夢齋詩：「梅花霜雪姿，紙帳蔬筍臭。」

〔三〕「浩然驢背霸陵橋」，「浩然」，即孟浩然，唐代詩人，襄陽人。其詩與王維齊名，稱「王孟」。「霸陵橋」即霸橋。漢無名氏三輔黃圖橋：「霸橋在長安東，跨水作橋。」唐人因此橋多為送別之地，故亦謂之「消魂橋」。亦作「灞橋」。「浩然驢背霸陵橋」，明程羽文詩本事：「詩思：孟浩然詩思在灞橋風雪中驢子背上。」元馬致遠有風雪騎驢孟浩然、凍吟詩踏雪尋梅兩劇，已佚，以劇名度之，當敷演此事。「浩然驢背」，雍熙樂府作「騎驢吟過」。

〔四〕「子猷喬」，「子猷」，即王徽之，東晉會稽人。字子猷，王羲之子，獻之兄。官至黄門侍郎，性卓異不羈。南朝宋劉義慶世説新語任誕：「王子猷居山陰，夜大雪，眠覺，開室命酌酒。四望皎然，因起彷徨，詠左思招隱詩，忽憶戴安道。時戴在剡，即便夜乘小船就之。經宿方至，造門不前而返。人問其故，王曰：『吾本乘興而行，興盡而返，何必見戴？』」

未遂〔一〕

功名希望何時就〔二〕，書劍飄零甚日休〔三〕，算來著甚可消愁〔四〕。除是酒〔五〕，醉倚仲宣樓〔六〕。

【校注】

〔一〕雍熙樂府卷十九有〔喜春來〕詩酒四首，此其末首。

〔二〕「希望時就」，雍熙樂府作「再不將身就」。

〔三〕「書劍」，書籍與寶劍，為古人追求之兩大目標。書指讀書出仕，劍指仗劍從軍。唐陳子昂送別出塞詩：「平生聞高義，書劍百夫雄。」唐孟浩然自洛之越詩：「皇皇三十載，書劍兩無成。」「飄零」，喻飄泊離散，無所依靠。唐杜甫衡州送李大夫七丈勉赴廣州詩：「王孫丈人行，垂老見飄零。」「書劍飄零」，喻功名不就。「飄零甚日」，雍熙樂府作「為朋怎肯」。

〔四〕「著」，即「着」，本作「著」。「著甚」，雍熙樂府作「兩件」。

〔五〕「除是」，雍熙樂府作「詩共」。

〔六〕「醉倚仲宣樓」，「仲宣」，即王粲，三國魏山陽高平人，字仲宣。「建安七子」之一。三國志魏書王粲傳：「年十七，司徒辟，詔除黃門侍郎，以西京擾亂，皆不就。乃之荆州依劉表，表以粲貌寢而體弱通侻，不甚重也。」其滯留荆州時，嘗登當陽城樓，作登樓賦，抒寫久居客地才華莫展之思鄉情緒。元鄭光祖有醉思鄉王粲登樓雜劇，即敷演此事。

隱　居〔一〕

牧牛枉嘆白石爛〔二〕，垂釣休嗟渭水寒〔三〕，雲深虎豹九重關〔四〕。非是懶，無意近長安〔五〕。

【校注】

〔一〕雍熙樂府卷十九有〔喜春來〕隱居四首，此其末首。

〔二〕「牧牛」句，漢劉安淮南子道應云：「甯戚欲干齊桓公，困窮無以自達，於是為旅，將任車以商於齊，住宿於郭門之外。桓公郊迎客，夜開門，辟任車，燭火甚盛，從者甚衆。甯戚飯牛車下，望見桓公而悲，擊牛角疾商歌。」又，藝文類聚卷九四引漢蔡邕琴操曰：「寧戚飯牛車下，叩角而商歌曰：『南山硏，白石磵，生不逢堯與舜禪。短布單衣裁至骭，長夜冥冥何時旦。』齊桓公聞之，舉以為相。」「磵」，同「爛」。「牛」，雍熙樂府作「羊」。

〔三〕「垂釣」句，史記齊太公世家：「太公望呂尚者……本姓姜氏，從其封姓，故曰呂尚。呂尚蓋嘗窮困，年老矣，以漁釣姦周西伯。西伯將出獵……果遇太公於渭之陽，與語大説，曰：『自吾先君太公曰：「當有聖人適周，周以興。」子眞是邪？吾太公望子久矣。』故號之曰『太公望』，載與俱歸，立為師。」

〔四〕「雲深」句，「九重關」，即九關、九閽，天帝所居之處也。詳見本書第一〇頁〔南呂·四塊玉〕酷吏注〔一〕。

〔五〕「無意近長安」，謂無意為官也。長安，漢、唐都城，此為都城之代稱。

江村即事

女兒收網臨江哆〔一〕，稚子垂鈎靠岸沙，笛聲驚雁出蒹葭〔二〕。清淡煞，衰柳纜魚槎〔三〕。

【校注】

〔一〕「江哆」，江口、江岸。「哆」，張口貌。

〔二〕「蒹葭」，水草也。「蒹」，荻；「葭」，蘆葦。詩經蒹葭：「蒹葭蒼蒼，白露為霜。」

〔三〕「魚槎」，漁船。「槎」，竹、木筏也。

閱世

佳章軟語醒時和〔一〕，白雪陽春醉後歌〔二〕，簪花飲酒且婆娑〔三〕。開悶鎖，閑看惡風波〔四〕。

【校注】

〔一〕「佳章軟語」，猶言工詩麗文。「軟語」，原指柔和委婉之言。唐杜甫贈蜀僧閭丘師兄詩：「夜闌接軟語，落月如金盆。」

〔二〕「白雪陽春」，古樂曲名。戰國楚宋玉對楚王問：「客有歌於郢中者，其始曰下里、巴人，國中屬和者數千人；其為陽河、薤露，國中屬而和者數百人；其為陽春、白雪，國中屬而和者不過數十人。」晉張協雜詩：「陽春無和者，巴人皆下節。」宋郭茂倩樂府詩集白雪歌序：「琴操曰：白雪，師曠所作，商調曲也。」

〔三〕「簪花」，戴花。古時遇典禮會佳節，男女皆戴花。唐杜牧為人題贈詩之二：「有恨簪花懶，無寥鬬草稀。」宋司馬光和吳省副梅花半開招憑由張司封飲詩：「從車貯酒傳呼出，側弁簪花倒載回。」「婆娑」，舞蹈。詩經東門之枌：「子仲之子，婆娑其下。」「飲」，雍熙樂府作「泛」。

〔四〕「惡風波」，喻世事之種種紛擾變亂。宋陸游秋晚思梁益舊遊詩：「如今曆盡風波惡，飛棧連雲是坦途。」「閑看」，雍熙樂府作「看破」。

賞春

桃花扇影香風軟，楊柳樓心夜月圓〔一〕，繁絃急管送歌筵〔二〕。杯量淺，爛醉玉人邊〔三〕。

【校注】

〔一〕「樓心」，元薩都剌和馬昂夫賞心亭懷古詩：「一自朝雲歸寺裏，幾回明月到樓心。」

〔二〕「繁絃急管」，形容細碎而急促之樂聲。唐王維魚山神女祠歌送神曲詩：「作暮雨兮愁空山，悲急管，思繁絃。」唐錢起瑪瑙杯歌：「繁絃急管催獻酬，倏若飛空生羽翼。」「歌筵」，有樂人歌唱之筵席。南朝陳徐陵走筆戲書應令詩：「舞席秋來卷，歌筵無數塵。」

〔三〕「玉人」，容貌若玉之美女。唐元稹鶯鶯傳：「待月西廂下，迎風户半開。拂牆花影動，疑是玉人來。」唐韋莊秋霽晚景：「玉人襟袖薄，斜憑翠欄干。」此指歌妓。

感懷〔一〕

溪邊倦客停蘭棹〔二〕，樓上何人品玉簫〔三〕，哀聲幽怨滿江皐〔四〕。聲漸悄〔五〕，遣我悶無聊。

【校注】

〔一〕雍熙樂府卷十九有〔喜春來〕盼望四首，此其第三首。「感懷」，感觸於心。三國魏王粲弔夷齊文：「心於悒而感懷，意惆悵而不平。」古多用為詩詞曲題，即有感而作也。

〔二〕「倦客」，厭惡世事者。宋周邦彦蘭陵王詞：「登臨望故國，誰識京華倦客？」「蘭棹」，船之美稱。

〔三〕「玉簫」，玉質之簫。南朝陶弘景眞誥運象三：「玉簫和我神，金醴釋我憂。」唐李白江上吟詩：「木蘭之枻沙棠舟，玉簫金管坐兩頭。」

〔四〕「江皐」，江邊。楚辭湘君：「鼂騁騖兮江皐。」「江」，樂府羣珠作「紅」，玆從雍熙樂府。「皐」，雍熙樂府作「潮」。

〔五〕「聲漸悄」，雍熙樂府作「他命薄」。

離愁

奴因寄恨招災禍〔一〕，他為尋芳中網羅〔二〕，柳嫌花妒百千合。成間闊〔三〕，教俺怎存活〔四〕。

【校注】

〔一〕「奴」，古時女子之自稱。「寄恨」，寓托憾恨之意。唐劉禹錫傷愚溪詩引：「有僧遊零陵，告余曰：『愚溪無復曩時矣。』聞僧言，悲不能自勝，遂以所聞為七言以寄恨。」唐李商隱夜思詩：「寄恨一尺素，含情雙玉璫。」

〔二〕「尋芳」，出遊賞花。唐姚合遊陽河岸詩：「尋芳愁路盡，逢景畏人多。」此指尋花問柳。網羅，喻法網也。三國魏陳琳為袁紹檄豫州文：「舉手挂網羅，動足觸機陷。」此指沉溺風月場所，不能自拔。

〔三〕「間闊」，猶言久別。漢書諸葛豐傳：「元帝擢為隸校尉，剌舉無所所避，京師為之語曰：『間何闊，逢諸葛。』」唐顏師古注：「言間者何久闊不相見，以逢諸葛故也。」宋陸游久雨詩：「鄰舍相逢驚間闊，通宵不寐聽淋浪。」「間」，俗作「間」。

〔四〕「存活」，生存也。後漢書蓋勳傳：「時人饑相漁食，勳調穀稟之，先出家糧以率衆，存活者千餘人。」唐元結春陵行詩：「奈何重驅逐，不使存活為？」

〔中吕〕山坡羊〔一〕

自嘆

南山空燦，白石空爛〔二〕，星移物换愁無限。隔重關，困塵寰〔三〕，幾番肩鎖空長嘆，百事不成羞又赧。閑，一夢殘〔四〕；干，兩鬢斑。

【校注】

〔一〕〔中吕·山坡羊〕十首，録自明無名氏輯樂府羣珠卷一。

〔二〕「南山」二句，見第四九頁〔喜春來〕隱居「牧牛枉嘆白石爛」注〔二〕。

〔三〕「塵寰」，人世間。唐李羣玉送隱者歸羅浮詩：「自此塵寰音信斷，山川風月永相思。」宋蘇軾次京師韻送表弟程懿叔赴夔州運判詩：「仲氏新得道，一漚目塵寰。」

〔四〕「一夢殘」，唐沈既濟枕中記載，盧生於邯鄲逆旅中遇道人吕翁，授以枕頭，卧枕入夢。夢中曆盡人生榮辱沉浮之變化，醒後發現主人所炊黄粱尚未熟。元馬致遠等撰黄粱夢雜劇，敷演此事。

嘆世（五首）

其一〔一〕

雞鳴為利〔二〕，鴉栖收計〔三〕，幾曾得覺囫圇睡〔三〕。使心機，昧神祇〔四〕，區區造下彌天罪〔五〕，富貴一場春夢裹〔六〕。財，漚泛水〔七〕；人，泉下鬼〔八〕。

【校注】

〔一〕雍熙樂府卷二十録此五曲，題作警戒。

〔二〕「為利」，雍熙樂府作「早去」。

〔三〕「鴉栖收計」，雍熙樂府作「鴉噪未歸」。

〔四〕「囫圇」，完整也。宋朱熹朱子語類論語：「道理也是一箇有條理底物事，不是囫圇一物，如老莊所謂恍惚者。」

〔五〕「神衹」，天地之神。尚書微子：「今殷民，乃攘竊神衹之犧牷牲，用以容，將食無災。」釋文：「天曰神，地曰衹。」國語魯語：「豈惟寡君與二三臣實受君賜，其周公太公及百辟神衹實永饗而賴之。」「衹」，樂府羣珠作「祈」，茲從雍熙樂府。

〔六〕「區區」，猶言「愨愨」，愚蠢也。南朝陳徐陵玉臺新咏古詩為焦仲卿妻作詩：「阿母謂府吏，何乃太區區！」「彌天罪」，喻極大之罪過。「彌天」，滿天，極言其大。三國魏應璩報東海相梁季然書：「足下頓彌天之網，收萬仞之魚。」

〔七〕「春夢」，春日之夢。喻世事無常，繁華易逝。唐劉禹錫春日書懷詩：「眼前名利同春夢，醉裏風情敵少年。」

〔八〕「漚」，水泡也。「漚泛水」謂水上浮泡也。「漚泛」，雍熙樂府作「源沫」。

〔九〕「泉下」，黄泉之下。指陰間，人死後葬身之墓穴。周書晉蕩公護傳：「死若有知，冀奉見於泉下爾。」唐孟郊悼亡詩：「泉下雙龍無再期，金蠶玉鷰空銷化。」宋蘇軾正月二十日與潘郭二生出郊尋春詩：「人似秋鴻來有信，事如春夢了無痕。」

其 二

榮華休傲〔一〕，貧窮休笑，循環世態多顛倒〔二〕。恰春朝，早秋宵，花開花謝都知道〔三〕，今歲孟春花更早〔四〕。花，依舊好；人，空謾老〔五〕。

【校注】

〔一〕「榮華」，富貴榮耀。莊子田子方：「子三為令尹而不榮華，三去之而無憂色。」史記外戚世家褚少孫補：「丈夫當時富貴，百惡滅除，光耀榮華。」

〔二〕「循環世態」，謂世事人情往復回旋，周而復始也。

〔三〕「都」，雍熙樂府作「誰」。

〔四〕「孟春」，農曆正月也。尚書胤征：「每歲孟春，道人以木鐸徇於路。」禮記月令：「孟春之月，日在營室。」唐孔穎達疏：「言孟春者，夏正建寅之月也。」

〔五〕「空謾老」，徒然老也。「謾」，徒、空。唐岑參行軍詩：「早知逢世亂，少小謾讀書。」唐李白述德兼陳情上哥舒大夫詩：「衛青謾作大將軍，白起眞成一豎子。」

其　三

虛名休就〔一〕，眉頭休皺，終身更不遭機彀〔二〕。抱官囚〔三〕，為誰愁，功名半紙難能够〔四〕，爭如漆園蝶夢叟〔五〕。常，緊閉口〔六〕；閑，且袖手〔七〕。

【校注】

〔一〕「虛名」，不副實際之名聲。韓非子外儲説右下：「仲尼聞之曰：『遠哉近偪，虛名不以借人，況實事也？』」戰國策韓策一：「夫以實困我者，秦也；以虛名救我者，楚也。」

〔二〕「機彀」，「機」，弓弩上用以發箭之鉤絃、扳機等裝置。尚書太甲上：「若虞機張。」傳：「機，弩牙也。」鬼谷子飛箝：「為之樞機。」注：「機，所以主弩之放發。」「彀」，張滿弓弩。説文：「彀，張弩也。」「機彀」，此喻陷阱、圈套。

〔三〕「抱官囚」，指貪戀名位利禄之人。宋黄庭堅四休居士詩：「富貴何時潤髑髏，守錢奴與抱官囚。」

〔四〕「功名半紙」，「半紙」，片紙也。宋書盧江傳：「遺半紙之書。」金元好問雜著詩：「半紙虛名百戰身，轉頭高塚卧麒麟。」「功名」，猶虚名也。

〔五〕「漆園蝶夢叟」，指莊子。

〔六〕「緊」，雍熙樂府作「且」。

〔七〕「袖手」，縮手於袖，喻不參與事務也。晉書庾敳傳：「時越府多儁異，敳在其中，常自袖手。」

其四

花逢春到，人逢時到，花開人旺多歡笑。看英豪〔一〕，賞花嬌〔二〕，樂極悲至非人樂〔三〕，花正發時風又惡〔四〕。花，零落了〔五〕；人，憔悴了〔六〕。

【校注】

〔一〕「英豪」，英雄豪傑。三國志魏書郭嘉傳：「所誅皆英雄豪傑，能得人死力者也。」

〔二〕「花嬌」，嬌艷之鮮花。

〔三〕「樂極悲至」，言歡樂至極，悲愁生也。史記滑稽列傳淳於髡：「酒極則亂，樂極則悲。」「至」，雍熙樂府作「生」。

〔四〕「風惡」，風勢凶猛。唐羅隱湖上歲暮感懷有寄友人詩：「蘭版地寒俱愛露，桂堂風惡獨傷春。」「花正開時風又惡」，喻人於得意之時風險則至也。

〔五〕「零落」，凋謝也。戰國楚屈原離騷：「惟草木之零落兮，恐美人之遲暮。」注：「零、落，皆墮也。草曰零，木曰落。」

〔六〕「憔悴」，瘦弱萎靡貌。戰國楚屈原漁父：「顔色憔悴，形容枯槁。」亦作「憔瘁」、「憔顇」。

其　五

財帛爭競〔一〕，田園吞併〔二〕，得來未必成嘉慶〔三〕。幹虛名，舍殘生，歸來笑殺彭澤令〔四〕，孤雲野鶴為伴等〔五〕。鶴，飛過境〔六〕；雲，行過嶺。

【校注】

〔一〕「爭競」，即競爭。呂氏春秋為欲：「彊國令其民爭樂用也，弱國令其民爭競不用也。」三國志魏書何夔傳：「上以觀朝臣之節，下以塞爭競之源。」

〔二〕「吞併」，盡收他人所有而歸於己。唐羅隱自詒詩：「漢武巡遊虛軋軋，秦皇吞併漫驅驅。」亦作「吞并」。

〔三〕「嘉慶」，喜慶吉祥之事。三國志魏書文帝紀：「以肅天承命」裴松之注引獻帝傳：「兆民欣戴，咸樂嘉慶。」

「成嘉」，雍熙樂府作「兒孫」。

〔四〕「歸來笑殺彭澤令」，「彭澤令」，即陶潛，一名淵明，字元亮，私謚靖節，東晉潯陽柴桑人。曾為彭澤縣令，因不願「為五斗米折腰」，在官八十餘日便辭官歸隱。其歸去來兮辭并序述其事甚詳。彭澤，在今江西省湖口縣。

〔五〕「孤雲野鶴」，喻寄情山水、悠閑自在之人。唐劉長卿送方外上人詩：「孤雲將野鶴，豈向人間住。」「等」，輩、類，同地位之人。禮記曲禮上：「見同等不起。」

〔六〕「境」，雍熙樂府作「嶺」。

題　情

青鸞舞鏡〔一〕，紅鴛交頸〔二〕，夢囬依舊成孤另〔三〕。凍雲晴〔四〕，月華明〔五〕，香消燭滅人初静，窗外朔風梅萼冷〔六〕。風，寒夜景；　横，瘦梅影〔七〕。

【校注】

〔一〕「青鸞舞鏡」，青鸞，或稱鸞，傳説中之神鳥名。南朝宋范泰鸞鳥詩序：「昔罽賓王結罝峻祁之山，獲一鸞鳥。王甚愛之，欲其鳴而不能致也。乃飾以金樊，饗以珍饈，對之欲戚，三年不鳴。其夫人曰：『嘗聞鳥見其類而後鳴，何不懸鏡以映之？』王從其言，鸞睹形感契，慨然悲鳴，哀響中霄，一奮而絶。」後遂以青鸞舞鏡寫夫妻離别、孤獨凄清之悲哀。宋黄庭堅睡鴨詩：「山雞照影空自愛，孤鸞舞鏡不作雙。」

〔二〕「紅鴛交頸」，「紅鴛」，即鴛鴦，因其嘴呈紅棕色，故稱。漢鄭玄婚禮謁文贊：「鴛鴦鳥，雄雌相類，飛止相匹。」魏文帝列異傳：「宋康王埋韓馮夫妻，宿夕文梓生，有鴛鴦雌雄各一，恒栖樹上，晨夕交頸，音聲感人。」

〔三〕「孤另」，孤獨也。元王實甫西廂記雜劇：「天生聰俊，打扮素淨，奈夜夜成孤另。」元張昱梅花水月仙子畫詩：「欲向姮娥訴孤另，浪中亦自少團圓。」

〔四〕「凍雲」，雪前積聚之陰雲。唐方千冬日詩：「凍雲愁暮色，寒日淡斜暉。」

〔五〕「月華」，月光也。南朝梁江淹王徵君微詩：「清陰往來遠，月華散前墀。」

〔六〕「朔風」，北風也。三國魏曹植朔風詩：「仰彼朔風，用懷魏都。」三國魏阮籍詠懷詩之十二：「朔風厲嚴寒，陰氣下微霜。」「萼」，環列花朵外之葉狀薄片。亦作「蕚」、「蘁」。

〔七〕「梅影」，元劉秉忠焚勝梅香詩：「簷外杏花横素月，恰如梅影在西窗。」

譏　時

繁華春盡，窮途人困〔一〕，太平分的清閑運〔二〕。整乾坤〔三〕，會經綸〔四〕，奈何不遂風雷信〔五〕，朝市得安為大隱〔六〕。咱，粧做蠢；民，何受窘。

【校注】

〔一〕「窮途」，路盡。喻境遇困窘也。吳越春秋王僚使公子光傳：「子胥曰：『夫人賑窮途，少飯亦何嫌哉？』」宋陸游窮途詩：「窮途多感慨，老境少知聞。」

〔二〕「分」，合該、應當。唐元稹酬樂天見憶詩：「與君皆貟戆，須分老泥沙。」

〔三〕「乾坤」，天地也。易經説卦：「乾，天也，故稱乎父；坤，地也，故稱乎母。」「整乾坤」，猶言治國安邦也。

〔四〕「會經綸」，「經綸」，整絲也。理出絲緒為經，編絲成繩為綸，統稱經綸，喻籌劃政治。「會」，能也。「會經綸」言能經營治理國家大事。

〔五〕「風雷信」，高遠宏闊之志向、抱負。「信」，伸展也。通伸。易經繫辭：「尺蠖之曲，以求信也。」此引申為施展才華、實現抱負。

〔六〕「朝市」，朝廷與市肆。左傳襄公十九年：「婦人無刑。雖有刑，不在朝市。」此用以指名利場。「大隱」，與隱居於山林之小隱對稱，指身處名利場而過隱居生活之人。晉王康琚反招隱詩：「小隱隱陵藪，大隱隱朝市。」

閨　怨〔一〕

孤幃獨卧〔二〕，良宵空過，付能有夢還驚破〔三〕。病成魔，淚如梭，凄涼無數來着末〔四〕，憑誰頓開眉上鎖〔五〕。咱〔六〕，無奈何；愁〔七〕，無處躲。

【校注】

〔一〕雍熙樂府卷二十有〔山坡羊〕思情四首，此其末首。

〔二〕「幃」，帳子也。通「帷」。史記文帝本紀：「上常衣綈衣，所幸慎夫人令衣不得曳地，幃帳不得文繡，以示敦樸，為天下先。」「孤」，雍熙樂府作「繡」，「獨」，作「孤」。

〔三〕「付能」，即「甫能」，方纔也。雍熙樂府作「甫能够」。

〔四〕「着末」，宋元習語，意謂撩撥、沾惹。元石君寶紫雲庭雜劇：「我本是箇邪祟妖魔，他那俏魂靈，到將咱着末！」或作「着莫」。宋孔平仲懷蓬萊閣詩：「深林鳥語流連客，千載香魂着莫人。」「無數」，雍熙樂府作「景百般樣」。

〔五〕「頓開」，拉開、扯開。荀子勸學：「詘五指而頓之。」集解：「頓，挈也。」「誰頓開」，雍熙樂府作「誰人頓開咱」。

〔六〕「咱」，雍熙樂府作「愁」。

〔七〕「愁」，雍熙樂府作「病」。

妓怨

春花秋月〔一〕，歌臺舞榭〔二〕，悲歡聚散花開謝〔三〕。恰和協，又離別，被娘間阻郎心趄〔四〕，離恨滿懷何處説。娘，毒似蝎；郎，心似鐵。

【校注】

〔一〕「春花秋月」，南唐後主李煜虞美人詞：「春花秋月何時了？往事知多少？」

〔二〕「歌臺舞榭」，指歌舞場所。臺，樓臺；榭，廳堂。唐呂令問雲中古城賦：「歌臺舞榭，月殿雲堂。」此指風月場所。

〔三〕「悲歡」句，言離合悲歡似花開花落般易逝。

〔四〕「娘」，鴇母。「間阻」，從中作梗。「心趄」，心思猶豫不定，無主見也。

〔中呂〕快活三過朝天子〔一〕

警世（三首）

其一

有見識越大夫〔二〕，無轉理楚三閭〔三〕。正當權肯覓個脱身術，那的是高才處〔四〕。老孤，麵糊〔五〕，休直待虚名誤，全身遠害倒大福〔六〕，駕一葉扁舟去〔七〕。煙水雲林，皆無租賦，揀溪山好處居。相府，帥府，那與他别人住。

【校注】

〔一〕〔中呂・快活三過朝天子〕六首，録自明無名氏輯樂府羣珠卷一。

〔二〕「有見識越大夫」，指范蠡，春秋末楚國宛（今河南南陽）人，字少伯，仕越為大夫。范蠡事越王句踐二十餘年，苦身戮力，卒以滅吳，尊為上將軍。後以句踐可與共患難，難與共安樂，乃辭去，變易姓名，曆齊至陶（今山東定陶），操計然之術以治産，因成巨富，自號陶朱公。范蠡能功成名遂、激流勇退，故曰「有見識」。

〔三〕「無轉理楚三閭」，即屈原，戰國楚人。名平，字原，仕楚為三閭大夫。屈原主張修明法度，舉賢授能，東聯齊國，西抗彊秦。懷王重其才，公子子蘭、靳尚輩譖而疏之。頃襄王時遭長期流放，流浪沅湘一帶。後楚郢都為秦所破，屈原投汨羅而死。屈原於舉世混濁之中，不願隨其流、揚其波，不能以身之察察，受物之汶汶，寧赴長流葬於江水，故曰「無轉理」。「轉理」，猶言變通也。

〔四〕「的是」，確實是。

〔五〕「麵糊」，喻老來糊塗顢頇。宋阮閱詩話總龜詼諧下：「潁州張龍圖嘗見州牒押字，多團下拽一畫。有人云：『押字有如蒸餅樣。』張應聲曰：『為官恰似麵糊團。』」

〔六〕「全身遠害」，保全性命，遠避禍害。詩經君子陽陽序：「君子遭亂，相招為祿仕，全身遠害而已。」

〔七〕「扁舟」，小船也。史記貨殖傳：「范蠡既雪會稽之恥，……乃乘扁舟浮於江湖。」宋蘇軾前赤壁賦：「駕一葉之扁舟，舉匏樽以相屬。」亦作「偏舟」。

其二

肉撐翻鼎饕餮〔一〕，土蝕損劍鏌鋣〔二〕。諸公榮貴不曾絶，偏我如鳩拙〔三〕。命耶，運也，窮通内分優劣〔四〕，蜂衙蟻陣且略別〔五〕，伴四季閑風月。老瓦盆邊〔六〕，無明無夜，盆乾時酒再賒。醉也，睡也，一任教花開謝。

【校注】

〔一〕「肉撐」句，饕餮，貪食之惡獸名。古代鍾鼎彝器多刻其形以為飾。吕氏春秋先識：「周鼎著饕餮，有首無身，食人未咽，害及己身，以言報更也。」此句言榮華者富貴有餘。

〔二〕「土蝕」句，「鏌鋣」，即莫邪，寶劍名。漢趙曄吳越春秋闔閭内傳載：「春秋時吳王闔閭令干將、莫邪夫婦鑄寶劍，金鐵之精不銷淪流，於是莫邪乃斷髮剪爪投於爐中，令童男女三百人鼓橐裝炭，金鐵乃濡。「遂成二劍。陽曰「干將」，陰曰「莫邪」，陽作龜文，陰作漫理。干將匿其陽出其陰而獻之。」唐陸廣微吳地記載，干將獻劍後，陰劍思念陽劍，常悲鳴不已。後遂為寶劍之統稱。此以鏌鋣自喻，言自己空有才華而無崢嶸之時也。

〔三〕「鳩拙」，禽經：「鳩拙而安。」晉張華注云：「鳩，鳲鳩也。方言云：蜀謂之拙鳥，不善營巢，取鳥巢居之，雖拙而安處也。」元魏初石州慢次高郎中道凝韻詞：「倦遊歲暮，棲遲風雨，一枝鳩拙。」

〔四〕「窮通」，謂貧困與顯達。莊子讓王：「古之得道者，窮亦樂，通亦樂，所樂非窮通也。」晉陶淵明歲暮次張常侍詩：「窮通靡攸慮，顦顇由化遷。」唐李白笑歌行詩：「男兒窮通當有時，曲腰向君君不知。」

〔五〕「蜂衙蟻陣」，喻紛攘世事也。「蜂衙」，衆蜂簇擁蜂王，若朝拜屏衛，故稱蜂衙。宋陸佃埤雅釋蟲：「蜂有兩衙應朝，其主之所在，衆蜂為旋繞，如衛。」宋陸游青羊宮小飲贈道士詩：「微雨晴時看鶴舞，小窗幽處聽蜂衙。」

〔六〕「老瓦盆」，民間粗陋酒器也。唐杜甫少年行二首之一詩：「莫笑田家老瓦盆，自從盛酒長兒孫。」

其　三

受官廳暮雨殘〔一〕，待漏院曉霜寒〔二〕。耽耽九虎隔重關〔三〕，更險似連雲棧〔四〕。左難，右難，牢着脚周公旦〔五〕，功成名遂不退閑〔六〕，眞箇是癡呆漢。夢裏浮華，渾無多限〔七〕，覺來時兩鬢斑。似看，這番，又是箇新公案〔八〕。

【校注】

〔一〕「受官廳」，宋元習語，指官府、衙門。元關漢卿魯齋郎雜劇：「空立着判黎庶受官廳，理軍情元帥府。」亦作「授官廳」。

〔二〕「待漏院」，古代百官早朝候見帝王時休息之所。漏，古計時器。百官清早入宮，準備朝拜皇帝，稱為待漏。漢劉珍等東觀漢記樊梵傳：「每當直事，常晨駐馬待漏。」唐元和初始置待漏院。宋王禹偁有文待漏院記。

〔三〕「耽耽」句，「耽耽」，威嚴注視貌。漢書敍傳：「六世耽耽，其欲浟浟。」按「九虎」，乃漢王莽之九個將軍。漢書王莽傳：「莽拜將軍九人，皆以虎為號，號曰九虎。」

〔四〕「連雲棧」，棧道名。在陝西漢中地區，為古時川陝之通道，自鳳縣草涼驛至褒城開山驛，全長四百七十餘里。戰國時秦惠王伐蜀，漢張良勸劉邦燒絶，皆此棧道也。

〔五〕「牢着脚」，脚為牢籠所限，難移動也。「着」，泥滯也。梁武帝會三教詩：「分别根難一，執着性易驚。」唐司空圖與伏牛長老偈詩：「不算菩提與闡提，惟應執着便生迷。」「周公旦」，即周公姬旦，文王子也。佐武王滅紂，被封於魯。武王崩，成王年幼，周公攝政。尚書金縢載：「武王既喪，管叔及其羣弟乃流言於國，曰公將不利於孺子……公乃為詩以貽王，名之曰鴟鴞。」此句言周公未功成身退，終遭讒也。

〔六〕「退閑」，退職閑居。宋孟珙蒙韃備録諸將功臣文：「伯林昨已封王，近退閑於家。」

〔七〕「渾無多限」，言人生時間短暫。「渾」，全也。「限」，時限也。晉書傳玄傳：「六年之限，日月淺近。」

〔八〕「公案」，待決之疑難問題。宋釋圜悟碧巖録舉：「劈腹剜心，人皆喚作兩重公案。」

老風情〔一〕

鶯花寨不受敵，雨雲鄉納降旗〔二〕。簪花人老不相宜〔三〕，枉惹的人牙戲〔四〕。　懺悔，罪累，要絶了鸞鳳配〔五〕，人心爭奈不是木石〔六〕，長感動思凡意〔七〕。得遇知心，私情機密，有風聲我怕誰〔八〕。你任誰，問伊，硬抵着頭皮諱。

【校注】

〔一〕「風情」，男女相愛之情。南唐後主李煜賜宫人慶奴詩：「風情漸老見春羞，到處消魂感舊遊。」

〔二〕「鶯花寨」、「雨雲鄉」，皆指妓院，風月場所。元王曄水僊子議擬曲：「風月所成文案，鶯花寨擬罪名。」元王仲元普天樂曲：「鶯花寨我納降，是非海誰着滰。」亦作「鶯花陣」、「鶯花市」。

〔三〕「簪花人」，指妓女。簪花，戴花也。唐杜牧為人題贈詩之二：「有根簪花懶，無寥鬬草稀。」

〔四〕「牙戲」，恥笑。

〔五〕「鸞鳳配」，對男女結合之褒美之辭。「鸞鳳」，鸞鳥與鳳凰，古人常以之比喻美人俊士。漢賈誼弔屈原文：「鸞鳳伏竄兮，鴟梟翱翔。」唐盧儲催粧詩：「今日幸為秦晉會，早教鸞鳳下粧樓。」

〔六〕「爭奈」，即「怎奈」，無奈也。

〔七〕「思凡」，本指神僊或僧道萌生塵俗之意念，此指男女相思。

〔八〕「風聲」，指傳言、議論。

自娱

肉肥甘酒韻美，多一口便傷食〔一〕。家傳一甕淡黄虀〔二〕，喫過後須回味。恁地，老實，尚不可漁樵意〔三〕，時乎命也我自知，無半點閑縈繫。枕石眠雲〔四〕，蘧廬天地〔五〕，正胡蝶魂夢裏〔六〕。曉鷄，亂啼，又驚覺陳摶睡〔七〕。

【校注】

〔一〕「傷食」，病名，即急性胃炎。病因飲食不慎引起，故名。

〔二〕「虀」，即「齏」，調味菜也。釋名釋飲食：「齏，濟也，與諸味相濟成也。」

〔三〕「漁樵意」，隱居之意也。元無名氏漁樵記雜劇云：漢朱買臣始貧，斫柴於會稽山中，與漁人王安道、樵者楊孝先為友。後風雪中遇大司徒嚴助，薦買臣於朝。其事本於漢書朱買臣傳，而有所損益。

〔四〕「枕石眠雲」，指隱居山中。山中多石、多雲，故云。唐劉禹錫西山蘭若試茶歌詩：「欲知花乳清泠味，須是眠雲卧石人。」唐陸龜蒙和旅泊吳門韻詩：「茅峰曾蘸斗，笠澤久眠雲。」

〔五〕「蘧廬天地」，「蘧廬」，旅舍也。莊子天運：「仁義，先王之蘧廬也。止可以一宿，而不可久處。」注：「蘧廬，猶傳舍也。」宋蘇軾李杞寺丞見和前篇復用元韻答之詩：「人生何者非蘧廬，故山鶴怨秋猿孤。」此意為房屋。「廬」，樂府羣珠本作「蘆」，兹據莊子天運改。「蘧廬天地」，見本書第二一頁〔南吕・罵玉郎過感皇恩採茶歌〕漁父注〔七〕。

〔六〕「胡蝶魂夢」，即夢。唐齊己渚宫春日有懷作詩：「客思莫牽蝴蝶夢，鄉心自應鷓鴣聲。」宋毛滂充叟九兄以書問鄱陽官況因亦問訊詩：「多睡正隨蝴蝶夢，相憐空愧鶺鴒原。」

〔七〕「陳摶睡」，「陳摶」，宋亳州真源人。字圖南，早年舉進士不第，先後隱居於武當山、華山。自號扶摇子，宋太宗賜希夷先生。宋史陳摶傳：「因服氣辟穀曆二十餘年，但日飲酒數杯。移居華山雲臺觀，又止少華石室。每寢處，多百餘日不起。」元馬致遠有西華山陳摶高卧雜劇，即敷演陳摶修道華山之事。

勸　娼

花刷子拽大權〔一〕，俏勤兒受熬煎〔二〕。又待趁風流成就了好姻緣，又待認没幸看錢面〔三〕。　愛賢，愛錢，兩件兒都從伊便，愛賢後誰強如李亞僊〔四〕，愛錢把馮魁纏。敬富嫌貧，賢愚不辨，想蘇卿也識見淺。當時你眼前，若選，誰俊似雙知縣〔五〕。

【校注】

〔一〕「花刷子」句，「花刷子」，花花公子也。「刷子」，宋元習語，意謂浪子、好色之徒。元無名氏冤家債主雜劇：「為甚閻王不勾我？世間刷子少我錢。」「拽大權」，即「拽大拳」，宋元習語，意謂擺闊。元馬致遠青衫淚雜劇：「那廝正拽大拳，使大錢。」

〔二〕「俏勤兒」，同「花刷子」。明徐渭南詞敘録：「勤兒，言其勤於閱色，不憚煩也；亦曰刷子，言其亂也。」

〔三〕「没幸」，即「没興」，宋元習語，意謂倒楣。元石君寶秋胡戲妻雜劇：「則少一箇標標致致的老婆，單是這件，好生没興！」

〔四〕「愛賢後」句，「賢後」，指有才華之後生。李亞仙，即李娃，小説戲曲人物名。唐白行簡李娃傳載：天寶中，滎陽公子鄭生應試赴京，因娼女李娃而資財蕩盡，淪為乞丐。娃復遇鄭生，將之收留，勸令仍事舉業。後鄭生高中，父子夫婦團圓。元石君寶據此作李亞僊花酒曲江池雜劇，所言亞僊即李娃也。

〔五〕「蘇卿」、「雙知縣」，皆戲曲人物名。雙知縣即雙漸，以其及第後授官，故稱。前已多注。按：蘇小卿不見記載，雙漸則實有其人。宋張耒明道雜誌云其為廬江人，明凌迪知萬姓統譜載：「漸，廬江人，慶曆進士。」

〔中吕〕山坡羊過青哥兒〔一〕

過分水關（二首）〔二〕

其　一

山如佛髻，人登鰲背〔三〕，穿雲石磴盤松檜〔四〕。一關圍，萬山齊，龍蟠虎踞東南地〔五〕，嶺頭兩分了銀漢水〔六〕。高，天外倚；低，雲澗底。行人驅馳不易，更那堪暮秋天氣〔七〕，拂面西風透客衣。山雨霏微〔八〕，草蟲秋唧，身上淋漓，脚底沾泥。痛恨殺傷情鷓鴣啼，行不得〔九〕。

【校注】

〔一〕〔中吕·山坡羊過青哥兒〕二首，録自明無名氏輯樂府羣珠卷一。

〔二〕「分水關」，位於福建崇安縣西北分水嶺上，接江西鉛山縣界，為閩贛之襟要。五代至宋，皆置寨於此，元廢。亦稱大關，傳為入閩之第一關。按：廣東饒平縣東南亦有分水關。因曾氏曾久居江浙，此曲中又有「龍蟠虎踞東南地」句，故所言分水關當指前者。

〔三〕「佛髻」、「鰲背」，皆喻分水關山頂也。

〔四〕「檜」，木名。詩經竹竿：「淇水滺滺，檜楫松舟。」

〔五〕「龍蟠虎踞」，晉張勃吳録：「秣陵地形，鍾山龍蟠，石城虎踞，此帝王之宅」。本形容金陵地勢雄壯險要，此借以形容分水關。

〔六〕「兩分了銀漢水」，分水關北之水北流入江西境内之信江，南之水南流注入福建境内之崇陽溪，故云兩分。「銀漢」，天河、銀河，南朝宋鮑照夜聽妓詩之一：「夜來坐幾時，銀漢傾露落。」唐温庭筠七夕詩：「金風入樹千門夜，銀漢横空萬象秋。」此指分水關南北之水。

〔七〕「更那堪」句，宋柳永雨霖鈴詞：「多情自古傷離别，更那堪，冷落清秋節！」

〔八〕「霏微」，細雨朦朧貌。唐柳宗元為王京兆賀雨表之一：「霪雨周布，霏微四施。」

〔九〕「痛恨殺」二句，「鷓鴣」，鳥名，形似母雞，頭如鶉，臆前有白圓點，如真珍，背毛紫赤，紋呈波浪狀。俗象其鳴聲曰「行不得也哥哥」。晉崔豹古今注鳥獸：「鷓鴣，出南方，鳴常自呼，嘗向日而飛，畏霜露，早晚希出。」

其二

雲山疊翠〔一〕，楓林如醉，瀟瀟景物添秋意〔二〕。過山圍，渡山溪，揚鞭舉棹非容易，區區祇因名利逼〔三〕。思，家萬里；愁，何日歸〔四〕。飄零飄零客寄，困長途塵滿征衣，泣露秋蟲助客悲〔五〕。淚眼昏迷，病體尩羸〔六〕，無甚親戚，誰肯扶持〔七〕。行不動哥哥鷓鴣啼，人心碎。

【校注】

〔一〕「雲山」，雲霧繚繞之山峯。唐李頎送魏萬之京詩：「鴻雁不可愁裏聽，雲山況是客中過。」唐張祜胡渭州詩：「鄉國不知何處是，雲山漫漫使人愁。」

〔二〕「瀟瀟」，同「蕭蕭」，冷落淒清貌。唐杜牧懷吳中馮秀才詩：「長州苑外草蕭蕭，却算遊程歲月遥。」

〔三〕「區區」，自稱之謙詞。宋朱熹答曹元可書：「區區於此，所以望於當世之友朋者，蓋已切矣。」

〔四〕「家萬里」、「何日歸」，宋范仲淹漁家傲詞：「濁酒一盃家萬里，燕然未勒歸無計。」

〔五〕「泣露秋蟲」，漢劉向説苑正諫：「園中有樹，其上有蟬。蟬高居悲鳴飲露，不知螳螂在其後也。」秋蟲，秋夜鳴叫之蟲。南朝梁江淹青苔賦：「春禽悲兮蘭莖紫，秋蟲吟兮蕙實黄。」此指秋蟬。

〔六〕尪羸，即尫羸，病弱也。抱樸子自敍：「洪稟性尫羸，兼之多疾，貧無車馬，不堪徒行。」宋蘇軾上神宗皇帝書：「世有尫羸而壽考，亦有盛壯而暴亡。」

〔七〕「扶持」，救助、幫助。孟子滕文公上：「守望相助，疾病相扶持。」

〔商調〕梧葉兒

贈喜温柔（十首）〔一〕

其一

蟾宫閉，花貌羞〔二〕，鶯嚦嚦囀歌謳〔三〕。樽前立，席上有，喜温柔，都壓盡牆花路柳〔四〕。

【校注】

〔一〕贈喜温柔十首，録自明郭勛輯雍熙樂府卷十七。明張栩輯彩筆情辭亦録此十曲，題作贈妓喜温柔。按：喜温柔，元代杭州妓女，著名戲曲演員。清葉德輝輯本青樓集謂為「曾九之妻」；明鈔説集本青樓集曰：「姓曹氏。

姿色瑞（端）麗，舉止温雅。善化（花）旦雜劇，馳名淮浙。……囬囬旦色末裏吟，傳授其妙。」又，雍熙樂府贈喜温柔十首，不注撰人；彩筆情辭贈妓喜温柔注為元人辭。茲據説集本青樓集「喜温柔」條所記，「曾瑞卿以〔梧葉兒〕數首贈之，其半皆寓其名，梓行於世」，復證之此十首皆寓「喜温柔」或「温柔」字樣，斷之為曾瑞之辭。

〔二〕「蟾宫」二句，言喜温柔有閉月羞花之貌。「蟾宫」，月宫也。傳説月宫中有蟾蜍，故稱。唐孟郊月詩：「嫦娥竊藥出人間，藏在蟾宫不放還。」「花貌」，唐白居易長恨歌詩：「中有一人字太真，雪膚花貌參差是。」唐趙嘏悼亡詩：「門前雖有如花貌，爭奈如花心不同。」

〔三〕「嚦嚦」，形容鳥之叫聲。集韻：「嚦，嚦嚦，聲也。」「囀」，聲音圓轉曲折。集韻：「囀，聲轉也。」文選載漢繁欽與魏文帝箋：「時都尉薛訪車子年始十四，能喉囀引聲，與笳同音。」「謳」，彩筆情辭作「喉」。

〔四〕「牆花路柳」，容易攀折之花枝。喻易結識之女子，尤指娼妓。亦作「路柳牆花」。

其　二

朝雲退，暮雲收，悲秋客淚空流〔一〕。傷情思，非病酒〔二〕，見温柔，便痊可相思證候〔三〕。

【校注】

〔一〕「悲秋客」，指戰國楚宋玉。其九辯云：「悲哉！秋之為氣也！蕭瑟兮草木摇落而變衰。」後世故稱。此指狎客。「悲秋」，對秋景而傷悲。唐杜甫九日藍田崔氏莊詩：「老去悲秋强自寬，興來今日盡君歡。」

〔二〕「病酒」，言飲酒沈醉如病。詩經節南山：「憂心如酲，誰秉國成。」漢毛亨傳：「病酒曰酲。」晏子春秋諫上：「景公飲酒酲，三日而後發。晏子曰：『君病酒乎？』」

〔三〕「痊可」，痊癒。證候，即「癥候」。

其　三

歌金縷〔一〕，捧玉甌〔二〕，杯巡後越風流〔三〕。心腸拽，模樣兜〔四〕，喜温柔，偏能會將没作有。

【校注】

〔一〕「金縷」，曲調名。宋梅堯臣一日曲：「東風若見郎，重為歌金縷。」亦作「金縷曲」。宋蘇軾臺頭寺送宋希元詩：「入夜更唱金縷曲，他時莫忘弓角篇。」

〔二〕「玉甌」，玉製酒器。漢伶玄飛燕外傳：「后歌舞『歸風送遠』之曲，帝以文犀簪擊玉甌。」宋汪元量御宴蓬萊島詩：「駝峯縷割分金盌，馬乳時傾泛玉甌。」

〔三〕「巡」，徧、周也。左傳桓十二年：「三巡數之。」

〔四〕「兜」，宋元習語，意謂招攬、兜售。此引申為吸引。

其　四

雲歸岫〔一〕，月轉樓，芳景去最難留。蝶尋對，鶯唤友，勸温柔，且飲徹閑茶浪酒〔二〕。

【校注】

〔一〕「岫」，山谷也。三國魏嵇康幽憤詩：「採薇山阿，散髮巖岫。」

〔二〕「閑茶浪酒」，宋元習語，意為風月場中之吃喝。元高文秀雙獻功雜劇：「你道有閑茶浪酒結綢繆，天緣輳，不枉了好風流。」亦作「浪酒閑茶」。

其　五

鴛鴦帳〔一〕，燕子樓，孤枕怯夜涼秋。啼痕揾，羅帕溲，想温柔，捱不得天長地久〔二〕。

【校注】

〔一〕「鴛鴦帳」，指夫妻共寢之帳子。

〔二〕「天長地久」，老子：「天長地久，天地所以能長且久者，以其不自生，故能長生。」意指天地存在之悠久。後相沿指時間悠久。唐白居易長恨歌詩：「天長地久有時盡，此恨綿綿無絶期。」

其　六

秋波溜〔一〕，眉黛愁〔二〕，施展會鬼胡由〔三〕。踏科耨〔四〕，吟句謳，喜温柔，迤逗殺狂朋怪友〔五〕。

【校注】

〔一〕「秋波」，形容美目清如秋水。宋蘇軾百步洪詩之二：「佳人未肯回秋波，幼輿欲語防飛梭。」

〔二〕「眉黛」，古時女子以黛畫眉，因以眉黛指眉。唐李商隱代贈詩之二：「總把春山掃眉黛，不知供得幾多愁。」

〔三〕「鬼胡由」，宋元習語，意謂花言巧語或不可捉摸之行為。元高文秀雙獻功雜劇：「專等待來追究，便將他牢監固守，只落得盡場兒都做了鬼胡由。」亦作「鬼胡延」、「鬼胡尤」。彩筆情辭作「鬼狐猶」。

〔四〕「科耨」，意謂舞蹈。

〔五〕「迤逗」，宋元習語，意謂勾引、引誘。元王實甫西廂記雜劇：「迤逗得腸荒，斷送得眼亂。」元康進之李逵負荆雜劇：「又被這酒旗兒將我來相迤逗。」「狂朋怪友」，此指狎客。

其　七

尋破綻〔一〕，覓優頭〔二〕，將恩愛變為讎。去呵呪〔三〕，來呵啾，逞温柔，省可裏扭頭拗手〔四〕。

【校注】

〔一〕「破綻」，即「破賺」，宋元習語，意謂缺點、漏洞。元戴善夫風光好雜劇：「略有纖毫破綻，便報與我知道。」

〔二〕「優頭」，宋元習語，意謂機會、理由。亦作「由頭」。

〔三〕「呪」，同「咒」，禱告也。後漢書諒輔傳：「時夏大旱……輔乃自暴庭中，慷慨呪(日)曰。」

〔四〕「省可裏」，宋元習語，意謂免得、休得。元白樸惱煞人套曲：「蘭舟把定蘆花過，省可裏高聲和。」亦作「省可」。「扭頭拗手」，即鬧别扭也。

其　八

春歸後，花謝休，尋春客慵追遊〔一〕。癡心候，堅意守，喜温柔，休徯蹬風流配偶〔二〕。

【校注】

〔一〕「尋春客」，即尋花問柳之人。「慵」，彩筆情辭作「倦」。

〔二〕「徯蹬」，同「徯落」、「傒落」，宋元習語，冷落也。元李直夫虎頭牌雜劇：「只落的我兄弟行徯落，嬸子行熬煎。」

其　九

他垂釣，誰上鉤〔一〕，休粧賴幾曾有〔二〕。得你意，平生够，喜温柔，怎禁你行監坐守〔三〕。

【校注】

〔一〕「他垂釣」二句，元無名氏武王伐紂平話云：「周初姜子牙釣於渭濱，釣竿直鉤不設餌，言有『負命者上鉤來』。」後世稱太公垂釣，願者上鉤。指事情出於自願。此有設圈套、勾引之意。

〔二〕「粧賴」，即「粧幺」，宋元習語，意謂裝腔作勢，擺架子。元石君寶秋胡戲妻雜劇：「這也是你李大户無緣法，非關是我女兒忒煞粧幺。」

〔三〕「行監坐守」，宋元習語，意謂時刻監管防守。元王實甫西廂記雜劇四之二：「我著你但去處行監坐守，誰著你迤逗的胡行亂走？」

其　十

閑尋鬭，不肯休，折證倒看誰羞〔一〕。人雜嗽〔二〕，你撒颩〔三〕，怨温柔，自落得出乖弄醜。

【校注】

〔一〕「折證」，宋元習語，意謂對證，將真相言明。元王實甫西廂記雜劇：「誰無信行，誰無志誠？您今夜親折證。」

〔二〕「雜」，雍熙樂府本作「難」，當為「雜」之形誤，茲從彩筆情辭。

〔三〕撒颩，即「撒欠颩風」，宋元習語，意謂信口胡説、撒潑發瘋。元石君寶紫雲亭雜劇：「從來撒欠颩風愛恁末，敲才兀自不改動些箇兒。」「颩」音丢。

〔雙調〕折桂令

閨怨（二首）〔一〕

其一

秋霄淡淡輕陰〔二〕，暮景蕭條，疎雨霪霖〔三〕。林外鳥啼，天邊雁叫，砌下蛩吟〔四〕。更漏永聲來繡枕〔五〕，篆煙消寒透羅衾〔六〕。恨殺鄰砧，驚散離魂，搗碎人心〔七〕。

【校注】

〔一〕閨怨二首，録自明無名氏輯樂府羣珠卷三。

〔二〕「秋霄」，秋日天空。「霄」，天空也。後漢書張衡傳：「涉清霄而昇遐兮，浮蔑蒙而上征。」

〔三〕「疎雨霪霖」，言細雨不停也。「疎雨」，細雨，小雨。「疎」同「疏」。唐岑參西掖省即事詩：「西掖重雲開曙暉，北山疏雨點朝衣。」宋蘇軾遊惠山二首之二詩：「薄雲不遮山，疎雨不濕人。」「霪霖」，久雨也。唐林寬苦雨詩：「霪霖翳日月，窮巷變溝坑。」

〔四〕「蛩吟」，「蛩」，蟋蟀也。元郝經秋風賦：「草根蛩吟，喚愁啼血。」

〔五〕「更漏」，古時視漏刻以定時報更，因稱滴漏為更漏。「漏刻」，古計時器也。漏即盛水之銅壺，底有孔；刻即刻有度數之漏箭，立於壺中。唐李肇唐國史補：「初，惠遠以山中不知更漏，乃取銅葉製器。」

〔六〕「篆煙」，指盤香或香之煙縷。宋蘇軾宿臨安淨土寺詩：「閉門羣動息，香篆起煙縷。」

〔七〕「恨殺鄰砧」三句，謂鄰人砧聲深夜不絶，惹出閨中人離愁别緒，實可恨可惱也。「砧」，擣衣石。南朝宋謝惠連擣衣詩：「櫚高砧聲髮，楹長杵聲哀。」「殺」，同「煞」。

其　二

秦城望斷簫聲〔一〕，時物供愁〔二〕，夜景傷情。鶴唳松庭〔三〕，風摇檻竹，雨滴簷楹。銀燭暗雕盤篆冷〔四〕，繡幃孤翠被寒增〔五〕。數盡殘更，天也難明，夢也難成。

【校注】

〔一〕「秦城」，地名。在廣西興安縣西南。桂海虞衡志：「秦城，相傳秦戍五嶺時築。」此泛指遠方之地。

〔二〕「時物」，眼前之景物也。

〔三〕「鶴唳」，鶴鳴也。晉盧綝八王故事：「陸機為成都王所誅，顧左右而嘆曰：『今日欲聞華亭鶴唳，不可復得。』」晉周處風土記：「鳴鶴戒露，此鳥性警，至八月白露降，流於草上，滴滴有聲，因即高鳴相警，移徙所宿處。」

〔四〕「銀燭」，明亮燭光。唐王維早朝詩：「銀燭已成行，金門儼騶馭。」唐李白夜别張五詩：「聽歌舞銀燭，把酒輕羅霜。」

〔五〕「翠被」，以翠羽裝飾之斗篷。「被」，通「披」。左傳昭公十二年：「翠被，豹舄，執鞭以出。」注：「以翠羽飾被，以豹皮為履。」漢張衡西京賦：「大駕幸乎平樂，張甲乙而襲翠被。」

套　數

〔黄鍾〕醉花陰

元宵憶舊〔一〕

凍雪才消臘梅謝，却早擊碎泥牛應節〔二〕。柳眼吐些些〔三〕，時序相催，鬭把鰲山結〔四〕。

〔喜遷鶯〕暢豪奢〔五〕，聽鼓吹喧天那歡悦。好教我心如刀切〔六〕，淚珠兒搵不迭〔七〕，哭的似癡呆。自從別後，這滿腹相思何處説。流痛血〔八〕，瑶琴怎續〔九〕，玉簪難接〔十〕。

〔出隊子〕想當初時節，那濃歡怎棄捨。新愁裝滿太平車〔十一〕，舊恨常堆幾萬疊，若負德辜恩天地折〔十二〕。

〔神仗兒〕這些時情詩倦寫，和音書斷絶，斜月籠明，殘燈半滅。恨簷馬玎當〔十三〕，怨塞鴻悽切〔十四〕。猛然間想起多嬌〔十五〕，那愁悶，怎攔截。

〔掛金索〕業緣心腸〔十六〕，那煩惱何時徹。對景傷情，怎捱如年夜。燈火闌珊〔十七〕，似萬朶金蓮謝〔十八〕。車馬闐闐〔十九〕，賽一火鴛鴦社〔二〇〕。〔隨尾〕見他人兩口兒家攜着手看燈夜〔二一〕，教俺怎生不感嘆傷嗟，尚想俺去年的那人何處也〔二二〕。

【校注】

〔一〕元宵憶舊套曲，録自元楊朝英輯朝野新聲太平樂府卷八。

〔二〕「擊碎泥牛應節」，謂鞭打泥牛以示迎春也。「泥牛」，用泥土塑成之牛，亦稱「土牛」、「春牛」。據禮記月令載，古時於農曆十二月出土牛以送寒氣。又，後漢書禮儀志立春載，於立春造土牛，以勸農耕，象徵春耕開始。宋元間立春送土牛則有固定儀式。宋孟元老東京夢華録立春：「立春前一日，開封府進春牛入禁中鞭春。開封祥符兩縣，置春牛於府前，至日絶早，府僚打春。」宋程公許立春詩：「月墮霜空發上亭，土牛今日却鞭春。」宋陸游春日詩：「老夫一卧三山下，兩見城門送土牛。」「節」，節令也。「却早」，雍熙樂府、九宫大成南北詞宫譜俱作「早」，無「却」字。

〔三〕「柳眼」，初生柳葉，細長若人睡眼初展，稱柳眼。唐元稹生春詩：「何處生春早，春生柳眼中。」「些些」，少許，一點兒。唐白居易衰病詩：「更恐五年三歲後，些些談笑亦應無。」

〔四〕「鬧」，紛攘也。唐韓愈初南食貽元十八協律詩：「章舉馬甲柱，鬧以怪自呈。」「鰲山」，古代元宵夜燈景之一。堆疊彩燈成山形，似傳説中之巨鰲，故稱鰲山。「鰲」，本作「鼇」。宋何子譚鷓鴣天上元詞：「紫禁煙花一萬重，鼇山宫闕隱晴空。」

〔五〕「暢」，宋元習語，真正也。金董解元西廂記：「暢忒昏沈，忒暮古，忒猖狂。」元王實甫西廂記雜劇：「暢好乾，對着人巧語花言，背地裏愁眉淚眼。」

〔六〕「心如」，雍熙樂府作「如」，無「心」字。

〔七〕「揾不迭」，擦拭不及也。

〔八〕「痛」，清李玉北詞廣正譜作「淚」。

〔九〕「瑤琴怎續」，謂與故人分離，知音不覓也。淮南子本味：「伯牙鼓琴，鍾子期聽之。方鼓琴而志在太山，鍾子期曰：『善哉乎鼓琴，巍巍乎若太山。』少選之間而志在流水，鍾子期又曰：『善哉乎鼓琴，湯湯乎若流水。』鍾子期死，伯牙破琴絶絃，終身不復鼓琴，以為世無足復為鼓琴者。」「瑤琴」，即飾玉之琴。南朝宋鮑照擬古詩之七：「明鏡塵匣中，瑤琴生網羅。」

〔十〕「玉簪難接」，謂與故人中道決裂，無以挽回也。唐白居易井底引銀瓶詩：「石上磨玉簪，玉簪欲成中央折。」「玉簪」，玉飾，亦稱「玉搔頭」。

〔十一〕「太平車」，載貨之大車。宋邵博聞見後録卷二一：「今之民間鍿車，重大椎樸，以牛挽之。日不能三十里，少蒙雨雪，則跬步不進，故俗謂之太平車。」金董解元西廂記：「欲問俺心頭悶答孩，太平車兒難載。」

〔十二〕「折」，折磨、懲罰。

〔十三〕「簷馬」，屋簷下所掛風鈴。宋王洋七月八日小雨詩：「日影弄廉纖，簷馬鳴細碎。」元陳芬芸窗私志：「元帝作薄玉龍數十枚，以縷線懸於簷外，名曰簷馬。夜中因風相擊，聽之無異竹，今之鐵馬其遺製也。」亦作「檐馬」。

〔十四〕「塞鴻」，邊塞之雁。南朝宋鮑照代陳思王京洛篇詩：「春吹囬白日，霜歌落塞鴻。」

〔十五〕「多嬌」，所顧戀之女子。金董解元西廂記：「休推托，專專付與多嬌。」

〔十六〕「業緣」，本佛家語，指善業生善果，惡業生惡果之因緣。法華經序品：「諸世界中六道，生死所趣，善惡業緣，受報好醜，於此悉見。」此指男女夙緣、緣分。唐元稹哭子詩：「彼此業緣多障礙，不知還得見兒無？」

〔十七〕「闌珊」，將盡、將滅。唐白居易詠懷詩：「白髮滿頭歸得也，詩情酒興漸闌珊。」唐李羣玉九日詩：「絲竿闌珊歸客盡，黄昏獨自詠詩迴。」

〔十八〕「金蓮」，金色蓮花。遼史營衛志：「道宗每歲先幸黑山，拜聖宗、興宗陵，賞金蓮，乃幸子河避暑。」

〔十九〕「閴閴」，同「闐闐」，盛貌。詩經采芑：「伐鼓淵淵，振旅闐闐。」

〔二〇〕「鴛鴦社」，宋元間從事雜耍技藝之社團。按武林舊事社會載，賽射弩之社團為「錦標社」，賽歌唱之社團為「遏雲社」，蹴氣球之社團為「齊雲社」，則鴛鴦社亦此之屬。

〔二一〕「兩口兒家」，雍熙樂府作「兩口兒」，無「家」字。

〔二二〕「尚想」句，宋朱素貞生查子詞：「今年元夜時，月與燈依舊。不見去年人，淚濕春衫袖。」此用其意。那人，明大字寫本朝野新聲太平樂府作「人」，無「那」字。

懷　離〔一〕

行色匆匆易傷感〔二〕，陡恁般香消玉減〔三〕。無暇理金簪，雲鬢髮鬖〔四〕，比是情凄慘〔五〕。避不得這羞慚，準備遮藏手半掩〔六〕。

〔喜遷鶯〕想才郎豐鑑〔七〕，貌堂堂闊論高談。那堪，並不愚濫〔八〕，一見了春愁獨自攬。常好是忒大膽〔九〕，怕不你心心兒裏待貪〔十〕，又則怕意意兒裏相攙。

〔出隊子〕想人生時暫，在繡房中把歲月躭〔十一〕。描不成映花梢孔雀翠相攙〔一二〕，剪不出撲柳絮胡蝶粉亂糝〔一三〕，刺不就啄穀穗鶺鴒嘴細嗛〔一四〕。

〔刮地風〕則被這幾對兒家毛團迤逗俺〔一五〕，馬兒送的人地北天南，待私奔至死心無憾。我則見四野巉巉〔一六〕，不聽的衆口喃喃〔一七〕，明滴溜參兒相攙〔一八〕，剔團圞月兒初淡〔一九〕。柳色濃〔二〇〕，桃花謝，紅稀緑暗。想才郎常好是做得嚴，跳出這虎窟龍潭〔二一〕。

〔四門子〕要相逢怕甚牙兒彭〔二二〕，呀，敢我緊粧着一半憨〔二三〕。過關津怕的是人虛站〔二四〕，又道我恰離家初二三〔二五〕。膽兒又虛，色兒又慘〔二六〕，百忙裏蹴行馬兒不住叫喊〔二七〕。脚兒又疾，口兒又喃，我見他頭低眼瞰〔二八〕。

〔古水仙子〕將將將紫絲韁緊兜攬〔二九〕，是是是春纖長勒不住碧玉銜〔三〇〕，颼颼颼摔風過長亭〔三一〕，出出出方行過短站〔三二〕。見見見三家店忽的向南，淹淹淹映香塵曉日紅含〔三三〕，我我我軟兀刺繡鞍身半探〔三四〕，看看看曲彎彎兩葉蛾眉淡〔三五〕，瘦怯怯六幅翠裙攙〔三六〕。

〔寨兒令〕〔三七〕尷尬〔三八〕，尷尬。做的來所事忒嚴〔三九〕。想當初才貌兩相堪〔四〇〕，一箇是嬌仕女〔四一〕，一箇俊兒男〔四二〕，他自把那婚姻勘〔四三〕。

〔神仗兒〕袄廟鎖圪塔的對岩〔四四〕，藍橋下忽刺刺的水渰〔四五〕，將一對小小夫妻送的來他羞我慘。嬌嬌媚媚，甜甜也那紺紺〔四六〕，半路裏被人坑陷，我我我則落的眼兒饞〔四七〕。

〔尾聲〕一擔相思自摇撼〔四八〕，我和你兩家擔由自難擔〔四九〕，將一箇擔不起擔兒却怎生分付俺〔五〇〕。

【校注】

〔一〕懷離套曲，録自明無名氏輯盛世新聲丑集，本不注撰人。明張禄輯詞林摘艷（原刊本）、雍熙樂府並録此套，亦不注撰人。清李玉北詞廣正譜引〔醉花陰〕、〔刮地風〕、〔寨兒令〕三曲，皆署曾瑞卿套數，兹從之。又，盛世新聲、重刊增益本詞林摘艷此套前俱無題，原刊本詞林摘艷題為鴛鴦塚雜劇。兹從雍熙樂府，題作懷離。

〔二〕「行色」，出行時之狀況。莊子盜跖：「柳下季曰：『今者闕然數日不見，車馬有行色，得微往見跖邪？』」唐岑參送宇文舍人出宰元城詩：「馬帶新行色，夜聞舊御香。」「易」，雍熙樂府作「意」。

〔三〕「陡恁」句，「陡」，突然。「恁般」，宋元習語，意謂這般。金董解元西廂記之六：「恁般閑語言，教人怎地信？」「香消玉減」，喻美人消瘦。元王實甫西廂記：「想着你廢寢忘食，香消玉減。」「般」，北詞廣正譜作「的」。

〔四〕「雲鬢」，謂女子鬢髮盛美如雲。「鬢」，耳旁毛髮也。南朝陳張正見山家閨怨詩：「王孫春好遊，雲鬢不勝愁。」唐白居易長恨歌詩：「雲鬢花顔金步摇，芙蓉帳暖度春宵。」「髡鬖」，髮垂雜亂貌。雍熙樂府卷十二無名氏〔雙調〕行香子套曲：「名利貪婪，……空使人白髮髡鬖。」

〔五〕「比是情凄慘」，雍熙樂府作「抵事情懷慘」，北詞廣正譜作「底事情懷慘」。

〔六〕「遮藏」，雍熙樂府作「這羞慚」。「掩」，北詞廣正譜作「揞」。

〔七〕「丰鑑」，風采耀人。

〔八〕「並不愚」，雍熙樂府作「更不漁」。

〔九〕「常好是」，宋元習語，意謂真是、甚是。元關漢卿謝天香雜劇：「謝他新理這官員，常好是與民方便，咱又得一夜並頭蓮。」亦作「常好」、「暢好是」。雍熙樂府作「暢好事」。

〔十〕「怕不」二句，雍熙樂府作「既的你心心兒中待貪，更那堪所所事兒偏諳。」

〔一一〕「在繡房中把」，雍熙樂府作「繡房中」。

〔一二〕「不成映花」，雍熙樂府作「不就杏花」。

〔一三〕「出」，雍熙樂府作「成」。

〔一四〕「刺不就」句，嗛，啣也。雍熙樂府此句作「畫不成啄穀穗的鵪鶉嘴細啗」。

〔一五〕「毛團迤逗俺」，言大雁之叫聲撩撥俺也。「毛團」，禽獸，此指大雁。「迤逗」，宋元習語，撩撥、引誘也。元康進之李逵負荊雜劇：「待不喫呵，又被這酒旗兒將我來迤逗。」亦作「拖逗」、「迱逗」。「幾對兒家」，雍熙樂府、北詞廣正譜俱無「家」字。「俺」，北詞廣正譜作「喒」。

〔一六〕「巉巉」，高峭險峻貌。唐岑參入劍門作寄杜楊二郎中時二公并為杜元帥陽官詩：「凜凜三伏寒，巉巉五丁迹。」宋蘇軾留題延生觀後山上小堂詩：「溪山愈好意無厭，上到巉巉第幾尖。」「我則見」，雍熙樂府、北詞廣正譜俱作「喜的是」。「巉巉」，雍熙樂府作「相巉」。

〔一七〕「衆口」，衆鳥獸之口。

〔一八〕「明滴溜」，宋元習語，形容圓且亮，元李好古張生煮海雜劇：「高崒峰山勢昆侖大，明滴溜冰輪出海角。」「參兒」，即參，星宿名。二十八宿之一，為白虎七宿之末，位於黃道邊。此指參宿中並列突出之三顆星，即三星。「相攙」，雍熙樂府作「將陷」，北詞廣正譜作「正黯」。

〔一九〕「剔團圞」，宋元習語，意為圓圓的。金董解元西廂記：「剔團圞的睁察殺人眼，嗔忿忿地斜横着打將鞭。」亦作「剔團圓」。

〔二〇〕「柳色濃」，北詞廣正譜作「則見那柳色濃」。

〔二一〕「想才郎」二句，雍熙樂府屬之後「四門子」曲。「跳出這」，北詞廣正譜作「跳」，無「出這」二字。

〔二二〕「牙兒彪」，意謂言詞鋒利。「彪」，利也。雍熙樂府作「䢺」。

〔二三〕「呀，敢我」，雍熙樂府無此三字。

〔二四〕「關津」，水陸要道關卡。漢書王莽傳：「吏民出入，持布錢以副符傳。不持者廚傳勿舍，關津苛留。」三國志魏書文帝紀：「關津所以通商旅，池苑所以禦災荒也。」「怕的是人虚站」，雍熙樂府作「怕甚麼人虚賺」。「虚賺」，欺騙也。

〔二五〕「又道我」，雍熙樂府無此三字。

〔二六〕「色」，雍熙樂府作「心」。

〔二七〕「百忙裏」句：雍熙樂府作「馬兒百忙裏攛行不住喊」。

〔二八〕「眼睎」，猶言眨眼。「睎」，同「睒」，暫見也。「我見他頭低」，雍熙樂府無「我見他」三字。

〔二九〕「兜」，雍熙樂府作「繫」。

〔三〇〕「春纖」，喻女子之手指，宋張孝祥滿江紅思歸寄柳州詞：「倩春纖縷鱠搗香虀，新篘熟。」元關漢卿新水令曲：「綻黄花遍撒金錢，露春纖把花笑撚。」「銜」，馬嚼子，置馬口中，用以製馭馬之行止。

〔三一〕「捽風」，將風拋於後面，形容走之疾也。「長亭」，古代每五里十里皆置驛站，十里者稱長亭，五里者曰短亭。漢王褒送别裴儀同詩：「河橋望行旅，長亭送故人。」北周庾信哀江南賦：「水毒秦涇，山高趙陘，十里五里，長亭短亭。」「過」，雍熙樂府作「過了」。

〔三二〕「方行」，雍熙樂府作「楔的」。

〔三三〕「香塵」，芳香之塵埃，借指女子之步履。唐沈佺期洛陽道詩：「行樂歸恒晚，香塵撲地遥。」唐李白感興詩之二：「香塵動羅襪，渌水不沾衣。」「淹淹淹」，雍熙樂府作「俺俺俺」。「含」，作「紺」。

〔三四〕「軟兀剌」，宋元習語，意謂無力、乏力。元白樸梧桐雨雜劇：「悶打頦和衣卧倒，軟兀剌方纔睡着。」亦作「軟答剌」。

〔三五〕「蛾眉」，美人之秀眉。詩經碩人：「齒如瓠犀，螓首蛾眉。」戰國楚屈原離騷：「衆女嫉余之蛾眉兮，謡諑謂余以善淫。」「葉」，雍熙樂府作「道」。

〔三六〕「瘦怯怯」，宋元習語，形容瘦弱。元無名氏抱妝盒雜劇：「則他這細裊裊的身子，瘦怯怯的腰肢。」亦作「瘦怯」。「翠」，雍熙樂府作「繡」。

〔三七〕〔寨兒令〕，北詞廣正譜改曲牌為〔塞雁兒〕，清莊親王九宫大成南北詞宫譜作〔古寨兒令〕，並注明北詞廣正譜乃誤作〔塞雁兒〕。

〔三八〕「尷尬」，即尷尬，謂處境為難，事情棘手。雍熙樂府卷十二無名氏行香子套：「名利貪婪，世事尷尬。」亦作「尷尬」。

〔三九〕「忒嚴」，雍熙樂府、九宫大成南北詞宫譜俱作「忒腌臢」，北詞廣正譜作「腌臢」。

〔四〇〕「想當初」句，北詞廣正譜作「從前往事盡包含」。

〔四一〕「仕女」，圖畫中之美女。元湯垕古今畫鑑：「張萱工仕女人物，尤長於嬰兒，不在周昉之右。」此指美女。

「一箇是嬌仕女」，雍熙樂府、九宫大成南北詞宫譜俱無「是」字，北詞廣正譜無「一箇是」三字。

〔四二〕「一箇俊兒男」，北詞廣正譜無「一箇」二字。

〔四三〕「他自把」句，雍熙樂府、北詞廣正譜、九宮大成南北詞宮譜俱無「他」、「那」二字。

〔四四〕「祆廟」，祆教之神廟。佛祖統紀貞觀五年：「初，波斯國蘇魯支立末尼火祆教，勅於京師建大秦寺。」宋張邦基墨客漫録四：「東京城北有祆廟。祆神本出西域，蓋胡神也，與大秦、穆護同入中國，俗以火神祠之。」「䟕塔」，同「可塔」，宋元習語，猶言突然、一下子。「對岩」，意謂鎖住。「䟕塔」、「對」，雍熙樂府、九宮大成南北詞宮譜俱作「磕搭」、「閉」。

〔四五〕「藍橋」，橋名。在陝西藍田縣東南藍溪之上。傳説其地有仙窟，即唐裴航遇僊女雲英之處。事見太平廣記裴航。「忽剌剌」，宋元習語，形容水急流之聲。雍熙樂府、九宮大成南北詞宮譜俱作「忽剌」。

〔四六〕「也那紺紺」，雍熙樂府、九宮大成南北詞宮譜俱作「甘甘」，無「也那」二字。

〔四七〕「我我我則落」，雍熙樂府、九宮大成南北詞宮譜俱作「空落」，無「我我我」三字。

〔四八〕「一擔」，雍熙樂府作「一擔兒」，「自」，作「是」。

〔四九〕「我和你兩家」，雍熙樂府作「兩條」，無「我和你」三字。

〔五〇〕「將一箇」句，雍熙樂府作「恁將這擔不動的擔兒分付與俺」。

〔黄鍾〕願成雙

贈老妓〔一〕

嬌鸞態，雛鳳姿〔二〕，正生紅鬧簇枯枝〔三〕。含香蓓蕾未開時，没亂殺鶯兒燕子〔四〕。

〔么〕恰初春又早殘春至，只愁吹破胭脂。忽驚風雨夜來時，零落了千紅萬紫〔五〕。

〔出隊子〕闌珊春事〔六〕，恨題絶羅扇詩〔七〕。玉容香散粉慵施，錦樹花殘蝶倦時〔八〕，正緑葉成陰子滿枝。

〔么〕暮年間剗地知公事〔九〕，所為兒都敬持。縱千般打罵是好言詞〔一〇〕，無半點虚脾謊話兒，衠一派真誠好意思〔一一〕。

〔尾〕得扶侍容顔越伶俐〔一二〕，舊風流不減動些兒，一個鞋樣兒到慳了多半指〔一三〕。

【校注】

〔一〕贈老妓套曲，録自明張栩輯彩筆情辭卷一。明竇彦斌輯詞林白雪屬之「美麗」類。

〔二〕「雛鳳」，幼鳳也。比喻好子弟。唐李商隱韓冬郎（偓）即席為詩相送一座盡驚他日余方追吟連宵侍座徘徊久之句有老成之風因成二絶寄酬兼呈畏之員外詩：「桐花萬里丹山路，雛鳳清於老鳳聲。」此指年輕女子。

〔三〕「正生紅鬧」，謂處於風華正茂之時也。宋宋祁玉樓春詞：「緑楊煙外曉寒輕，紅杏枝頭春意鬧。」

〔四〕「没亂殺」，宋元習語，意為着急得要死。元馬致遠一枝花惜春套：「雲窗月户，狂風驟雨，休没亂殺東君做不得主。」亦作「没亂死」。「鶯燕」，喻指其他妓女。元張養浩寒食遊廉園詩：「花柳巧為鶯燕地，管絃遥遞綺羅風。」

〔五〕「千紅萬紫」，形容春日百花開花，美麗絢爛。元趙文意行詩：「千紅萬紫隨春去，獨立溪頭看荔花。」此喻正當風華之妓女。

〔六〕「闌珊」，參見本書第八二頁〔黄鍾・醉花陰〕元宵憶舊注〔十七〕。「春事」，本指春季農耕之事。管子幼官：「十二，地氣髮，戒春事。」尚書堯典：「厥民析，鳥獸孳尾。」傳：「春事既起，丁壯就功。」此指風月生涯。

〔七〕「恨題絶」句，南朝陳徐陵玉臺新詠卷一漢班婕妤怨詩序：「昔漢成帝班婕妤失寵，供養於長信宫，乃作賦自傷，並為怨詩一首。」其詩云：「新裂齊紈素，鮮潔如霜雪。裁成合歡扇，團圓似明月。出入懷君袖，動摇微風發。常恐秋節至，凉風奪炎熱。棄捐篋笥中，恩情中道絶。」後以班姬題扇表達受遺棄冷落之哀怨情緒。

〔八〕「錦樹」，猶言「錦營」，風月場所也。

〔九〕「剗地」，宋元習語，意謂反而、倒是。元關漢卿竇娥冤雜劇：「你剗地犯下十惡大罪，受了典刑。」救風塵雜劇：「我好意將着車輛鞍馬奩房來尋你，你剗地將我打罵。」「公事」，宋元習語，猶言一樁事情。元關漢卿救風塵雜劇：「想當日他暗成公事，只怕不相投。」此意謂人情世理。

〔一〇〕「縱」，明大字寫本朝野新聲太平樂府作「縱有」。

〔一一〕「衠」，純也。元王實甫西廂記雜劇一之二：「甚的是混俗和光，衠一味風清月朗。」「一派」，一片也。金元好問自題寫真詩：「一派春煙澹不收，漁家已許借扁舟。」「誠」，朝野新聲太平樂府作「成」。

〔一二〕「扶持」，猶云保養。「伶俐」，宋元習語，猶言干淨。元關漢卿救風塵雜劇：「但見俺有些兒不伶俐，便説是女娘家要哄騙東西。」元馬致遠陳摶高臥雜劇：「擾擾垓垓不伶俐，是是非非無盡期。」此意為干淨利索。「扶持」，瞿氏鐵琴銅劍樓藏明刊本朝野新聲太平樂府作「扶持的」。

〔一三〕「慳」，少。唐韓愈山南鄭相公樊員外……詩：「辭慳義卓闊，呀豁疢掊掘。」宋陸游懷昔詩：「澤國氣候晚，仲冬雪猶慳。」

〔正宫〕端正好

自序〔一〕

一枕夢魂驚，千載風雲過〔二〕。將古來英俊評跋〔三〕，誰才能誰霸道誰王佐〔四〕，只落得高塚麒麟卧〔五〕。

〔么〕〔六〕百年身隙外白駒過〔七〕，事無成潘鬢雙皤〔八〕。既生來命與時相挫〔九〕，去狼虎叢服低捋〔一〇〕。

〔滾繡毬〕時與命道不合，我和他氣不和，皆前定並無差錯。雖聖賢胸次包羅〔一一〕，待據六合〔一二〕，要併一鍋〔一三〕，其中有千萬人我〔一四〕，各有天時地利人和〔一五〕。氣難吞吳魏亡了諸葛〔一六〕，道不行齊梁喪了孟軻〔一七〕，天數難那〔一八〕。

〔倘秀才〕舉伊尹有湯王倚託〔一九〕，微管仲無桓公不可〔二〇〕，相公子糾偏如何不九合。失時也亡了家國〔二一〕，得意後霸了山河，也是君臣每會合〔二二〕。

〔脱布衫〕時不遇版築為活〔二三〕，時不遇荆南落魄〔二四〕。時不遇踰垣而躲〔二五〕，時不遇在陳忍餓〔二六〕。

〔小梁州〕男兒貧困果如何，擊缶謳歌〔二七〕。甘貧守分淡消磨〔二八〕，顏回樂，知足後一瓢多〔二九〕。

〔么〕〔三〇〕既功名不入凌煙閣〔三一〕，放疎狂落落陀陀〔三二〕。就着老瓦盆〔三三〕，浮香糯，直喫的徹，未醒後又如何。

〔滾繡毬〕〔三四〕學劉伶般酒裏酡〔三五〕，倣坡仙般詩裏魔〔三六〕。樂閑身有何不可，說幾句不傷時信口開合，折莫待憤悱啓發平科〔三七〕。見破綻呵閑榼〔三八〕，教人道我豪放風魔〔三九〕，由他似斗筲之器般看得微末〔四〇〕，似糞土之牆般覷得小可〔四一〕，一任由他。

〔醉太平〕看別人揮鞭登劍閣〔四二〕，舉棹泛滄波〔四三〕，爭如我得磨跎處且磨跎〔四四〕。無名韁利鎖〔四五〕，攜壺策杖穿林落，臨風對月閑吟課，有花有酒且高歌，居村落快活〔四六〕。

〔叨叨令〕聽樵歌牧唱依腔和〔四七〕，整絲綸獨釣垂鈎坐〔四八〕。鋪苔茵展緑張雲幕〔四九〕，披漁簑帶雨和煙卧〔五〇〕。快活也麽哥，快活也麽哥〔五一〕，且潛居抱道隨緣過〔五二〕。

〔一煞〕〔五三〕也不學採薇自潔埋幽壑〔五四〕，不學舉國獨醒葬汨羅〔五五〕。也不學墨子回車〔五六〕，巢由洗耳〔五七〕，河老騰雲〔五八〕，許子衣褐〔五九〕。也不仰天長嘆〔六〇〕，也不待相宣言〔六一〕，也不扣角為歌〔六二〕，却回光照我〔六三〕，圖甚苦張羅。

〔二〕〔六四〕忘飡志士齊君果，不吐嫌兄仲子鵝〔六五〕。飽養雞豚，廣栽桃李，多植桑麻，賸種粳禾。蓋數椽茅屋，買四角黃牛，租百畝莊窠〔六六〕。時不遇也恁麽，且耕種置箇家活〔六七〕。

〔三〕甕頭白酒新醅潑〔六八〕，盌内黃虀𡘜醬和〔六九〕。詩裏乾坤，杯中日月〔七〇〕，醉醒由己〔七一〕，清濁從他〔七二〕。我量寬似海，杯吸長鯨〔七三〕，酒泛洪波，醉鄉寬闊〔七四〕，不飲待如何。

〔四〕忘憂陋巷於咱可，樂道窮途奈我何〔七五〕。右抱琴書〔七六〕，左攜妻子，無半紙功名〔七七〕，躲萬丈風波。看別人日邊牢落，天際驅馳，雲外蹉跎〔七八〕，咱圖箇甚莫〔七九〕，未轉首總南柯。

〔尾〕既無那抱關擊柝名煎聒〔八〇〕，且守這養氣收心安樂窩〔八一〕。用時行，舍時躲〔八二〕，居山村，離城郭，對樽罍，遠鼎鑊〔八三〕。黃菊東籬栽數科〔八四〕，野菜西山鋤幾陀〔八五〕，聽一笛斜陽下遠坡，看幾縷殘霞蘸淺波〔八六〕，醉袖乘風鵬翼拖〔八七〕，蹇箇臨溪鼇背馱〔八八〕。杲杲秋陽曝已過，滔滔清江濯幾合〔八九〕，骨角成形我切磋，玉石為珪自琢磨〔九〇〕，華晝干將劍不磨〔九一〕，唾噀經綸手不搓〔九二〕，養拙潛身躲災禍〔九三〕，由恁是非滿乾坤也近不得我〔九四〕。

【校注】

〔一〕自序套曲，録自元楊朝英輯朝野新聲太平樂府卷六序，通「敍」。

〔二〕「一枕」二句，言世事如夢、光陰迅速也。唐沈既濟枕中記載：盧生於邯鄲逆旅中遇道人吕翁，授以枕頭，卧枕入夢。夢中曆盡榮辱浮沈之變化，醒後見主人黄粱之炊尚未熟。故由此感嘆世事虚無，人生短暫。

〔三〕「評跋」，評論、量度。元石君寶曲江池雜劇：「這的是萬古綱常，衆口評跋。」「來」，明張禄輯詞林摘艷作「今」。

〔四〕「誰才能」句，「霸道」，與王道相對，意謂憑藉武力、權勢實施統治。史記商君列傳：「吾説公以王道而未入也；吾説公以霸道，其意欲用之矣。」「王佐」，帝王之輔佐。南朝梁任昉王文憲集序：「是以宸居膺列宿之表，圖緯著王佐之符。」注：「王佐，謂賢才可以輔佐天子者。」

〔五〕「高塚麒麟卧」，謂死後墳墓中安息也。「塚」，墳墓；「麒麟」，原為傳説中之仁獸名，借喻傑出之士。晉書顧和傳：「和二歲喪父，總角便有清操，族叔榮雅重之，曰：『此吾家麒麟，興吾宗者，必此子也。』」金元好問雜著詩：「半紙虚名百戰身，轉頭高塚卧麒麟。」

〔六〕〔么〕，詞林摘艷闕此曲。

〔七〕「隙外白駒過」，謂人生短暫，光陰迅速也。莊子知北遊：「人生天地之間，若白駒之過隙，忽然而已。」史記魏豹傳：「人生一世間，如白駒過隙耳。」「白駒」，喻日也；「隙」，縫隙也。

〔八〕「潘鬢雙皤」，雙鬢已白。晉潘岳秋興賦序：「余春秋三十有，始見二毛。」賦中又曰：「斑鬢髟以承弁兮，素髮颯以垂領。」後因以潘鬢喻白髮早生。此指兩鬢。「皤」，白也。

〔九〕「挫」，摧折也。周禮考工記輪人：「凡揉牙，外不廉而内不挫。」注：「挫，折也。」

〔一〇〕「去狼虎」句，謂離開於險惡世道中甘服低劣之境況。「去」，離開；「狼虎叢」，狼虎成羣，喻世道險惡；「服」，甘服、甘心順從；「低捋」，猶言低劣也。

〔一一〕「胸次」，胸懷。莊子田子方：「喜怒哀樂，不入於胸次。」宋黄庭堅題高君正適軒詩：「豁然開胸次，風至獨披襟。」

〔一二〕「六合」，天地四方也。莊子齊物論：「六合之外，聖人存而不論。」唐李白古風詩之三：「秦王掃六合，虎視何雄哉！」

〔一三〕「待據」，明内府本詞林摘艷作「我則待據」。

〔一三〕「要併」，明内府本詞林摘艷作「必須要併」。

〔一四〕「千萬」，詞林摘艷作「萬千」。

〔一五〕「天時地利人和」，孟子公孫丑下：「天時不如地利，地利不如人和。」「天時」，本指有利於征戰之自然氣候條件，此指天命；「地利」，地理上之有利形勢；「人和」，得人心。「各有」，詞林摘艷作「各有箇」。

〔一六〕「氣難吞」句，諸葛亮自劉備三顧茅廬而出，佐備敗曹操、取荆州、定益州等地，建國蜀中，與魏、吴鼎足而立。晚年輔後主攻魏，志在恢復中原，重興漢室。壯志未酬，卒於五丈原軍中。

〔一七〕「道不行」句，孟軻，即孟子，字子輿，鄒人，春秋時期思想家。史記孟子荀卿列傳云：孟子「受業子思之門人。道既通，游事齊宣王，宣王不能用。適梁，梁惠王不果所言，則見以為迂遠而闊於事情。」「道」，治理天下之主張、學説。

〔一八〕「天數難那」，言天命難以改變也。「天數」，猶言天命。後漢書公孫述傳贊：「天數有違，江山難恃。」「那」，通「挪」，移動也。「天數」，詞林摘艷作「皆因天數」。

〔一九〕「舉伊尹」句，言伊尹雖賢，然必以湯王為倚託，方能成大功。伊尹，商湯臣，名摯，輔佐湯伐夏桀。史記殷本紀：「伊尹處士，湯使人聘迎之，五反然後肯往從湯，言素王及九主之事。湯舉任以國政。」

〔二〇〕「微管仲」二句，言管仲惟桓公信任之，方能九合諸侯，昔日其輔佐公子糾即無所作為。管仲，春秋齊人。史記管晏列傳：「管仲夷吾者，潁上人也。少時常與鮑叔牙遊……已而鮑叔事齊公子小白，管仲事公子糾。及立小白，為桓公，公子糾死，管仲囚焉。鮑叔遂薦管仲。管仲既用，任政於齊，齊桓公以霸，九合諸侯，一匡天下，管仲之謀也。」「微」，卑賤，此指管仲未遇之時也。「相公子」句，詞林摘艷作「想公子如何不糾合」。

〔二一〕「失時」，錯過機會。論語陽貨：「好從事而亟失時，可謂知乎？」此謂時不遇也。「家國」，封地、食邑。

〔二二〕「也是」，詞林摘艷無「也」字。

〔二三〕「版築為活」，尚書説命上：「夢帝賚予良弼，其代予言。乃審厥象，俾以形旁求於天下。説築傅巖之野，惟肖，爰立作相。」史記殷本紀：「武丁夜夢得聖人，名曰説。以夢所見視羣臣百吏，皆非也。於是迺使百工營求之野，得説於傅險中。是時説為胥靡，築於傅險。見於武丁，武丁曰：『是也。』得而與之語，果聖人，舉以為相，殷國大治，故遂以傅險姓之，號曰傅説。」「傅説」，殷相；「版築」，築牆之具，夾版與杵也。此為動詞，猶言操版築也。

〔二四〕「荊南落魄」，戰國楚屈原，懷王時任左徒、三閭大夫，主張聯齊抗秦。先遭靳尚之流誣陷，被放逐；頃襄王時又遭短毀，謫於江南。史記屈原賈生列傳：「令尹子蘭聞之大怒，卒使上官大夫短屈原於頃襄王，頃襄王怒而遷之。屈原至於江濱，被髮行吟澤畔。顏色憔悴，形容枯槁。」「荊」，楚也。屈原二次遭逐，遷於江南。「落魄」，詞林摘艷作「落魄消磨」。

〔二五〕「踰垣而躲」，春秋晉獻公聽驪姬譖言，偪殺太子申生，繼而逮公子重耳於其守居之地蒲城。重耳不欲抵抗，踰垣而逃。左傳僖公二十三年：「晉公子重耳之及於難也，晉人伐諸蒲城。蒲城人欲戰，重耳不可，曰：『保君父之命而享其祿，於是乎得人。有人而校，罪莫大焉，吾其奔也。』」僖公五年：「及難，公使寺人披伐蒲。重耳曰：『君父之命不校。』乃徇曰：『校者，吾讎也。』踰垣而走，披斬其袪。」按「校者」，抵抗也。「躲」，詞林摘艷作「走」。

〔二六〕「在陳忍餓」，孔子因與魯國執政者季桓子有隙，乃去司寇之職而周遊衛、宋等國，於陳嘗罹困厄。史記孔子世家：「聞孔子在陳蔡之間，楚使人聘孔子。孔子將往拜禮，陳蔡大夫謀曰：『孔子賢者，所刺譏皆諸侯之疾。今者久留陳蔡之間，諸大夫所設行皆非仲尼之意。今楚，大國也，來聘孔子。孔子用於楚，則陳蔡用事大夫危矣。』於是乃相與發徒役圍孔子於野，不得行，絶糧，從者病，莫能興。」

〔二七〕「擊缶而歌」，詩經宛丘：「坎其擊缶，宛丘之道。」舊唐書音樂志二：「缶，如足盆，古西戎之樂，秦俗應而用之。其形似覆盆，以四仗擊之。秦趙會於澠池，秦王擊缶而歌。」「貧困果如何，擊缶謳歌」，詞林摘艷作「貧窮如禮何，暴虎憑河」。

〔二八〕「淡消磨」，詞林摘艷作「恁蹉跎」。

〔二九〕「顔回樂」二句，顔回，春秋魯人。字子淵，孔子弟子。好學，樂道安貧，以德行著稱，後世儒家尊為「復聖」。論語雍也：「子曰：『賢哉，回也！一簞食，一瓢飲，在陋巷，人不堪其憂，回也不改其樂。』」「知足後」，詞林摘艷無「後」字。

〔三〇〕〔么〕，朝野新聲太平樂府、雍熙樂府俱未分么篇，茲據詞林摘艷補正。

〔三一〕「凌煙閣」，封建帝王為表彰功臣而建築之高閣，上繪功臣圖像。北周庾信周柱國大將軍紇干弘神道碑：「天子畫凌煙之閣，言念舊臣。」新唐書太宗紀：「十七年二月，「戊申，圖功臣於凌煙閣。」唐劉肅大唐新語：「貞觀十七年，太宗圖畫太原倡義及秦府功臣趙公長孫無忌、河間王孝恭、蔡公杜如晦……等二十四人於凌煙閣，太宗親為之贊，褚遂良題閣，閻立本畫。」唐李賀南園詩之五：「請君暫上凌煙閣，若箇書生萬户侯？」

〔三二〕「疎狂」，狂放不羈也。唐白居易代書詩一百韻寄微之：「疎狂屬年少，閒散為官卑。」「落落陀陀」，同「落拓」，性情放浪，不拘小節也。晉葛洪抱樸子疾謬：「落拓之子，無骨骾而隨俗者。」「陀陀」，詞林摘艷作「魄魄」。

〔三三〕「就着」四句，老瓦盆，粗酒器也。唐杜甫少年行二首之一詩：「莫笑田家老瓦盆，自從盛酒長兒孫。」「糯」，黏稻。可釀酒。「浮香糯」言老瓦盆中之酒漂浮有黏稻粒，亦酒質粗糙意。「就着」，詞林摘艷作「就着這」；「喫的徹」，作「喫的日輪西墮」；「未醒後」，無「未」字。

〔三四〕詞林摘艷闕此曲。

〔三五〕「學劉伶」句，劉伶，字伯倫。晉沛國人，「竹林七賢」之一。縱酒放達，蔑視禮法，逃避現實。晉書劉伶傳：「常乘鹿車，攜一壺酒，使人荷鍤而隨之，謂曰：『死便埋我。』其遺形骸如此。」嘗著酒德頌，言「惟酒是務，焉知其餘。」「酡」，飲酒面赤貌。

〔三六〕「倣坡仙」句，坡仙，即蘇東坡。東坡未死時即數有其修仙成道之傳説，故後人稱之為「坡仙」。蘇軾東坡志林東坡昇仙：「吾昔謫黄州，曾子固居憂臨川，死焉。人有妄傳吾與子固同日化去……今謫南海，又有人傳吾得道，乘小舟入海不復返者……一日忽失所在，獨道服在耳，蓋上賓也。」元薛昂夫〔中吕·山坡羊〕西湖雜詠曲：「扣逋仙，訪坡仙，揀西施好處都遊遍。」「詩裏魔」，即詩魔，喻詩興不能自製，有如入魔。唐白居易醉吟詩之二：「酒狂又引詩魔發，日午悲吟到日西。」

〔三七〕「折莫待」句，言無論心欲通而未通之意，口欲言而未能之懷，凡塊壘皆使之釋然也。「折莫待」，宋元習語，意謂不論或不問也。亦作「折莫」、「折莫大」。金董解元西廂記：「折莫老的少的，俏的村的。」元無名氏錯立身戲文：「折莫大擂鼓吹笛，折莫大裝神弄鬼。」「憤悱啓發」，論語述而：「不憤不啓，不悱不發。」宋朱熹注：「憤者，心求通而未得之意；悱者，口欲言而未能之貌。」「科」，坎也。孟子離婁下：「盈科而後進，放乎四海。」「待」，朝野新聲太平樂府形誤作「時」，兹從雍熙樂府。

〔三八〕「破綻」，泛指事情或言語之漏洞。朱子語類輯略：「却田頭看釋氏之説，漸漸破綻罅漏百出。」閑榼，猶言閑談、閑議論。「榼」，通「磕」。

〔三九〕「風魔」，猶言髮瘋、顛狂。元馬致遠〔仙吕・賞花時〕掬水月在手套：「喜無那，非是咱風魔，伸玉指盆池内蘸緑波。」

〔四〇〕「斗筲之器」，「斗」、「筲」皆量小之容器，喻人之才識短淺。論語子路：「斗筲之人，何足算也。」

〔四一〕「糞土之牆」，喻不堪造就之人。論語公冶長：「宰予晝寢。子曰：『朽木不可雕也。糞土之牆不可圬也。』」

〔四二〕「揮鞭登劍閣」，喻成就功名也。唐駱賓王從軍中行路難詩：「長驅一息背銅梁，直指三巴逾劍閣。」唐白居易長恨歌詩：「黄埃散漫風蕭索，雲棧縈紆登劍閣。」「劍」，詞林摘艷作「殿」。

〔四三〕「舉棹泛滄波」，史記越王句踐世家：「范蠡以為大名之下，難以久居，且句踐為人可與同患，難與處安……乃裝其輕寶珠玉，自與其私徒屬乘舟浮海以行，終不反。」

〔四四〕「磨跎」，宋元習語，意謂消磨、蹉跎歲月。元張可久折桂令曲：「故紙上前賢坎坷，醉鄉中壯士磨跎。」元無名氏藍采和雜劇：「假若是無常到怎奈何，我如今得磨跎且磨跎。」

〔四五〕「韁鎖」，本繫馬之具，喻名利相牽。漢書敍傳班嗣報（桓譚）書：「今吾子已貫仁誼之羈絆，繫名聲之韁鎖。」唐白居易養拙詩：「身去韁利累，耳辭朝市諠。」

〔四六〕「攜壺策杖」四句，晉陶淵明歸去來兮辭：「三逕就荒，松菊猶存。攜幼入室，有酒盈罇。引壺觴以自酌，眄庭柯以怡顔。」「策扶老以流憩，時矯首而遐觀。」「登車皋以舒嘯，臨清流而賦詩。」此化用其意，言既不遂大志，且過適其自然、樂天安命之潛居生活。「吟課」，猶言吟哦，吟詠也。「策杖」，詞林摘艷作「載酒」，「落」，作「樂」，「課」，作

「和」，「村落」，作「村莊」。

〔四七〕「樵歌牧唱」，樵夫之歌，牧童之唱。唐杜甫秋野詩之四：「砧響家家發，樵歌箇箇同。」元朱德潤遊靈巖天平山記：「樵歌牧唱，相與應答於翠微空曠之間。」

〔四八〕「絲綸」，釣絲也。晉王嘉拾遺記前漢：「（宣）帝常以秋季之月，釣於臺下，以香金為鉤，繡絲為綸。丹鯉為餌，釣得白蛟。」宋范成大戲題藥裹詩：「捲却絲綸颺却竿，莫隨魚鼈弄腥涎。」「獨釣」，唐戴叔倫春江獨釣詩：「獨釣春江上，春江引趣長。」

〔四九〕「苔茵」，青苔與嫩草。唐孟浩然題鹿門山詩：「昔聞龐德公，採藥遂不返，金澗餌芝朮，石牀臥苔蘚。」雲幕，以雲為幕帳也。晉葛洪西京雜記：「成帝設雲帳雲幄雲幕，于甘泉紫殿，世謂三雲殿。」三國魏應瑒西狩賦：「雲幕被干曠野，京燎照乎平原。」「茵展緑」，詞林摘艶作「陰展緑草」。

〔五〇〕「漁蓑帶雨」，詞林摘艶作「樵蓑帶雨笠」。

〔五一〕「快活」二句，「也麼哥」，襯詞，無義。詞林摘艶作「兀的不快活人也麼歌，兀的不快活人也麼歌」。明萬曆內府本詞林摘艶將此二句并為一句。

〔五二〕「隨緣」，本佛家語，指隨順外在之因緣而定行止。此謂隨其機緣，不加勉強。北齊書陸法和傳：「法和所得奴婢，盡免之，曰：『各隨緣去。』」「抱道」，詞林摘艶作「甘分」。

〔五三〕〔一煞〕，朝野新聲太平樂府本作〔二〕，以下三曲，分作〔三〕、〔四〕、〔五〕，茲據詞林摘艶改。

〔五四〕「採薇」句，史記伯夷叔齊列傳：「伯夷、叔齊、孤竹君之二子也……武王已平殷亂，天下宗周，而伯夷、叔齊恥之，義不食周粟，隱於首陽山，採薇而食之。及餓且死，作歌。其辭曰：『登彼西山兮，採其薇矣。以暴易暴兮，不知其非矣。神農、虞、虞、夏忽焉没兮，我安適歸矣？于嗟徂兮，命之衰矣。』遂餓死於首陽山。」

〔五五〕「舉國」句，史記屈原賈生列傳：「屈原曰：『舉世混濁而我獨清，衆人皆醉而我獨醒，是以見放。』漁父曰：『夫聖人者，不凝滯於物而能與世推移。舉世混濁，何不隨其流而揚其波？衆人皆醉，何不餔其糟而啜其醨？何故懷瑾握瑜，而自令見放為？』屈原曰：『……寧赴長流，而葬乎江魚腹中耳，又安能以皓皓之白而蒙世俗之温蠖乎？』……於是懷石遂自〔沈〕汨羅以死。」「不學」，明大字寫本朝野新聲太平樂府、詞林摘艷俱作「也不學」。

〔五六〕「墨子回車」，墨子，春秋魯人。漢劉向新序節士：「縣名為聖母，曾子不入；邑號朝歌，墨子回車。」言墨子認為音樂於人無益，故至朝歌，以邑名有尚樂之嫌，回車而去也。

〔五七〕「巢由洗耳」，巢由，即巢父、許由，皆上古高士。漢蔡邕琴操河間雜曲箕山操：許由「以清節聞於堯。堯大其志，乃遣使以符璽禪為天子。於是由喟然嘆曰：『匹夫結志，固如盤石……非以貪天下也。』使者還以狀報堯，堯知由不可動，亦已矣。於是許由以使者言為不善，乃臨河洗耳。樊堅見由方洗耳，問之：『耳有何垢乎？』由曰：『無垢，聞惡語耳。』……於是樊堅方且飲牛，聞其言而去，恥飲於下流。」晉皇甫謐高士傳亦載許由洗耳事，惟飲牛者為巢父耳。按：或言巢父洗耳未見所據。三國蜀譙周古史考謂巢父即許由，如是則巢由洗耳實為「許由洗耳」。「巢父洗耳」下至「扣角為歌」，詞林摘艷徑作「巢由為歌」，中闕二十六字。

〔五八〕「河老騰雲」，河老，即河上公，為傳説中漢文帝時之神僊。晉葛洪神僊傳河上公云：「河上公者，莫知其姓字。漢文帝時，公結草為庵於河之濱。帝讀老子經……聞時皆稱河上公解老子經義旨……帝即幸其庵躬問之。帝曰：『普天之下，莫非王土；率土之濱，莫非王臣。域中四大，王居其一，子雖有道，猶朕民也。不屈自屈，何乃高乎？』公即拊掌坐躍，冉冉在虛空中，去地數丈，俯仰而答曰：『余上不至天，中不累人，下不居地，何臣民之有？』」「河老」下至「長嘆」，明萬曆内府本詞林摘艷闕。

〔五九〕「許子衣褐」，許子，即戰國楚人許行。孟子滕文公上：「有為神農之言者許行，自楚之滕，踵門而告文公曰：『遠方之人，聞君行仁政，願受一廛而為氓。』文公與之處。其徒數十人，皆衣褐，捆屨織席以為食。」

〔六〇〕「仰天長嘆」，春秋楚人伍子胥，父兄皆遭楚平王殺害，遂奔事吳。吳越交戰，越敗請和，吳王夫差準允，子胥反對，諫不從。夫差信伯嚭讒言，偪子胥自殺。史記伍子胥傳：夫差「乃使使賜伍子胥屬鏤之劍，曰：『子以此死。』伍子胥仰天嘆曰：『嗟乎，讒臣嚭為亂矣，王乃反誅我……』乃自剄死。」

〔六一〕「待相宣言」，漢劉向說苑至公：「楚令尹虞丘子復於楚王曰：『……臣為令尹十年矣，國不加治，獄訟不息，處士不升，淫禍不討。久踐高位，妨羣賢之路，屍禄素餐，貪欲無厭，臣之罪當稽於理。臣竊選國俊，下里之士曰孫叔敖，秀羸多能，其性無慾，尹舉而授之政，則國可使治，而士民可使附。』莊王曰：『子輔寡人，寡人得以長於中國，令行於絶域，遂霸諸侯，非子而何？』虞丘子曰：『久固禄位者，貪也；不進賢達能者，誣也；不讓以位者，不廉也。不能三者，不忠也。為人臣不忠，君又何以為忠？臣願固請。』莊王從之，……以孫叔敖為令尹。」「宣言」，揚言，宣揚。左傳桓公二年：「固因民之不堪命，先宣言曰：『司馬則然。』」此意謂進言、進諫。

〔六二〕「扣角為歌」，漢劉安淮南子道應：「甯戚欲干齊桓公，困窮無以自達，於是為商旅，將任車以商於齊，暮宿於郭門之外。桓公郊迎客，夜開門，辟任車，爝火甚盛，從者甚衆。甯越販牛車下，望見桓公而悲，擊牛角而疾商歌。」史記魯仲連鄒陽列傳：「甯戚販牛車下，而桓公任之以國。」裴駰史記集解：「應劭云：『……甯戚疾擊其牛角商歌曰：「南山矸，白石爛，生不逢堯與舜禪。短布單衣適至骭，從昏販牛薄夜半，長夜曼曼何時旦？」公召與語，說之，以為大夫。』」

〔六三〕「回光照我」，宋悟明聯燈會要繼成禪師：「顛倒一生，永無休歇，直須回光返照，親近明師。」本佛家語，指惺惺不失話頭，時時反顧本來面目。宋釋道原景德傳燈録義能禪師：「師曰：方便呼為佛，迴光返照，看身心是何物。」「迴」，同「回」。「照我」，詞林摘艷作「返照我」。

〔六四〕詞林摘艷闕此曲。

〔六五〕「忘飡」二句，仲子，即陳仲子，戰國齊高士。南朝宋劉義慶世説新語豪爽：「桓公讀高士傳，至於陵仲子，便擲去曰：『誰能作此溪刻自處！』」梁劉孝標注引晉皇甫謐高士傳曰：「陳仲子，字子終，齊人。兄戴相齊，食禄萬鍾。仲子以兄禄為不義，乃適楚，居於陵……嘗歸省母，有饋其兄生鵝者，仲子嚬顣曰：『惡用此鶃鶃為哉？』後母殺鵝，仲子不知而食之。兄自外入曰：『鶃鶃肉邪？』仲子出門，哇而吐之。楚王聞其名，聘以為相，乃夫婦逃去，為人灌園。」「忘飡」，雍熙樂府作「忌食」。

〔六六〕「飽養雞豚」七句，晉陶淵明歸園田居詩：「開荒南野際，守拙歸園田。方宅十餘畝，草屋八九間。榆柳蔭後園，桃李羅堂前。曖曖遠人村，依依墟里煙。狗吠深巷中，雞鳴桑樹巔。」此用其詩意。「賸種」，多種也。「賸」，多。唐韓偓詠浴詩：「豈知侍女簾帷外，賸取君王幾餅金。」「粳」，不黏之稻。「四角黄牛」，即兩頭也。「莊窠」，即莊稼。「窠」，通「棵」。

〔六七〕「家活」，家具。元王實甫破窰記雜劇：「他不肯去呵，將我家活都打碎了。」此指賴以生存之糧食、器物等。

〔六八〕「醅」，未濾之酒。此用如動詞，濾也。

〔六九〕「虀」，即「齏」，調味也。釋名飲食：「虀，濟也。與諸味相濟成也。」「盌」，詞林摘艷作「盤」。

〔七〇〕「詩裏」二句，言於詩酒中混沌思維、排遣時光也。「乾坤」，天地也。易經説卦：「乾，天也，故稱乎父；坤，地也，故稱乎母。」「杯」，詞林摘艷作「壺」。

〔七一〕「由己」，詞林摘艷無「己」字。

〔七二〕「清濁從他」，言酒任其清濁也。「從他」，詞林摘艷作「任」，明萬曆内府本詞林摘艷作「由他」。

〔七三〕「長鯨」，即鯨魚。以其身巨長，故稱。喻人之豪飲。唐杜甫飲中八仙歌：「飲如長鯨吸百川，銜盃樂聖稱世賢。」

〔七四〕「醉鄉」，指醉酒後神志不清之境界。唐杜牧華清宮詩：「雨露偏金穴，乾坤入醉鄉。」新唐書王績傳：「著醉鄉記以次劉伶酒德頌。」「醉鄉寬闊」，詞林摘艷無「寬闊」二字。

〔七五〕「窮途」，路盡。喻境遇困窘。吳越春秋王僚使公子光傳：伍子胥「乞食溧陽，適會女子……子胥曰：『夫人賑窮途，少飯亦何嫌哉？』」宋陸游窮途詩：「窮途多感慨，老境少知聞。」

〔七六〕「右抱」二句，「右」，詞林摘艷作「左」；「左」，作「右」。

〔七七〕「功名」，功績與名譽。莊子刻意：「無仁義而修，無功名而治。」晉張華答何邵詩：「自予及有識，志不在功名。」

〔七八〕「看別人」三句，「牢落」，空虛寂寞，無所寄託。晉陸機文賦：「心牢落而無偶，意徘徊而不能揥。」唐李賀京城詩：「驅馬出門意，牢落長安心。」「蹉跎」，謂虛度光陰也。亦作蹉跎。晉阮籍詠懷詩之八：「娛樂未終極，白日忽蹉跎。」南朝宋劉義慶世説新語自新：「欲志修改，而年已蹉跎，終無所成。」此三句詞林摘艷作「看別人爭頭活腦，不如我雲外蹉跎。」明萬曆內府本詞林摘艷同，惟「活」作「鼓」。

〔七九〕「圖箇」，詞林摘艷無「箇」字。

〔八〇〕「抱關」句，抱關擊柝，守護城門，巡夜打更。二者皆位卑禄微，故以喻小官吏。孟子萬章下：「抱關擊柝者，皆有常識以食於上。」荀子榮辱：「或監門御旅，抱關擊柝，而不自以為寡。」此指虛名小利。「煎聒」，喧鬧、煩擾也。亦作「煎炒」。宋楊萬里六月初四……喜而賦之詩：「今歲神祠免煎炒，更饒簫鼓賽秋成。」

〔八一〕「且守」句，養氣收心，涵養氣質、意志，收斂名利之心。孟子公孫丑上：「我知言，我善養吾浩然之氣。」漢王充論衡自紀：「養氣自守，適時則酒。」「安樂窩」，宋邵雍自號「安樂先生」，稱其宅為安樂窩。宋戴復古訪趙東野詩：「四山便是清涼國，一室可為安樂窩。」此指舒適安静之所。「氣」，詞林摘艷作「性」。

〔八二〕「用時行，舍時躲」，論語述而：「子謂顏淵曰：『用之則行，舍之則藏，惟我與爾有是夫！』」「躲」，猶藏也。此二句詞林摘艷作「用之行，舍則」，闕「躲」；重刊增益本詞林摘艷作「用之行，捨則」，亦闕「躲」；明萬曆內府本詞林摘艷作「用之行，捨則躲」。

〔八三〕「居山村」四句，「罍」，盛酒器。爾雅釋器：「彝、卣、罍，器也。」疏：「罍者，尊之大者也。」「鼎鑊」，古酷刑烹人之具。漢書酈食其傳：「待主然後出，猶不免鼎鑊。」宋書謝晦傳：「分歸司寇，甘赴鼎鑊。」此泛指禍患。此四句詞林摘艷徑作「居山村，遠鼎鑊」，中闕。

〔八四〕「東籬」，晉陶淵明飲酒詩之五：「採菊東籬下，悠然見南山。」後因以代種菊之所。唐岑參九日使君席奉餞衛中丞赴長水詩：「為報使君多泛菊，更將絃管醉東籬。」「數」，雍熙樂府作「幾」。

〔八五〕「陀」，通「橐」，盛物袋也。詞林摘艷作「鍋」。

〔八六〕「蘸」，浸入水中。楚辭大招：「魂乎無東，湯谷宋只。」漢王逸注：「或曰：宋，水蘸之貌。」宋洪興祖補注：「蘸，没也。」「淺」，詞林摘艷作「碧」。

〔八七〕詞林摘艷無此句。

〔八八〕「蹇」，發語詞。戰國楚屈原九歌湘君：「君不行兮夷猶，蹇誰留兮中洲。」「蹇箇」，詞林摘艷作「揀答」；「馱」，作「駁」，明萬曆內府本詞林摘艷作「駁」。

〔八九〕「杲杲」二句，孟子滕文公上：「江漢以濯之，秋陽以曝之，皜皜乎不可尚已。」此用其意。「杲杲」，同「皜皜」，光亮潔白貌。詩經伯兮：「其雨其雨，杲杲日出。」南朝梁劉勰文心雕龍物色：「『杲杲』為日出之容，『瀌瀌』擬雨雪之狀。」此二句詞林摘艷闕。「杲杲」，明大字寫本朝野新聲太平樂府、雍熙樂府俱作「皜皜」。「淘淘」，俱作「滔滔」。

〔九〇〕「骨角」二句，古治骨為切，治象牙為磋，治骨角，既切且磋；治玉為琢，治石為磨。後以喻相互間之研討、觀摩攻錯。詩經淇奧：「如切如磋，如琢如磨。」三國志蜀書霍峻傳：「（劉）璿好騎射，出入無度。（霍）弋援引古意，盡言規諫，甚得切磋之體。」此指自我研討、反省。「珪」，長形玉版，上圓或尖，下方。「骨」，詞林摘艷作「背」；「珪」，作「瑶」。

〔九一〕「華畫」句，喻斂其鋒芒、守愚養拙也。「干將」，古寶劍名。吳越春秋闔閭内傳載：吳王闔閭使干將莫邪夫婦為劍，金鐵之精不銷熔，「於是干將妻乃斷髮剪爪投於爐中，……金鐵乃濡。遂以成劍，陽曰『干將』，陰曰『莫邪』，陽作龜文，陰作漫理。」干將匿其陽出其陰而獻之。」「華畫」，指劍上之龜文漫理。「畫」，雍熙樂府作「澁」。此句詞林摘艷闕。

〔九二〕「唾噀經綸」，喻鄙棄權勢也。「唾噀」，吐口水，表示鄙薄；「經綸」，治絲也。理出絲緒為經，編絲成繩為綸，統稱經綸。引申為治理籌劃國家大事。易屯：「雲雷屯，君子以經綸。」禮記中庸：「唯天下至誠，為能經綸天下之經。」「噀經」，詞林摘艷作「笑不」。「唾」，明萬曆内府本詞林摘艷作「垂」。

〔九三〕「養拙」，猶言守拙，指隱居不仕。晉潘岳閑居賦：「仰衆妙而絶思，終優遊以養拙。」唐杜甫遣愁詩：「養拙蓬為户，茫茫何所開？」「潛身躲災禍」，詞林摘艷作「容身自潛躲」。「身」，元刊八卷本、瞿氏鐵琴銅劍樓藏本朝野新聲太平樂府俱作「凶」。

〔九四〕「由恁」句，詞林摘艷作「縱然是非滿乾坤端的近不的我」。

〔南吕〕一枝花

買笑〔一〕

銀箏暗麝塵〔二〕，錦瑟空檀架〔三〕。青鸞臨寶鏡〔四〕，丹鳳隔煙霞〔五〕。同是天涯，休辜負春無價，可憎他誰不誇。明出着月夜花朝，空寂寞鴛幃繡榻。

〔梁州〕無人暖羅衾易冷〔六〕，漬啼痕珊枕偏多〔七〕，夢囬酒醒添瀟灑。昏慘慘孤燈羅幌〔八〕，淡濛濛斜月窗紗，却想美甘甘尤雲殢雨〔九〕，喜孜孜倒鳳顛鸞〔一〇〕。便是鐵石人也感嘆嗟呀〔一一〕，休道是俏心腸所事兒通達。見別人有破綻着冷句兒填扎〔一二〕，見別人生科泛着笑話兒逼匝〔一三〕，見別人乾廝研着假意兒承塌〔一四〕。放奸，放耍，我則待儘田園都準做千金價〔一五〕，一見了漾不下〔一六〕，據旖旎風流俊雅〔一七〕，所為更有誰如他〔一八〕。

〔三煞〕憑温柔舉止特如法〔一九〕，論恩愛疎薄却有差〔二〇〕。你則待這囬雲雨匿巫峽〔二一〕，一任教眉淡了春山〔二二〕，也不要張京兆輕盈巧畫〔二三〕。陡恁地變了卦，陽臺路新來下了面閘〔二四〕，要戀那談笑生涯。

〔二〕能清歌妙舞捱時霎〔二五〕，會受諢承科度歲華〔二六〕。就着這其間覷看你的甚參雜〔二七〕，揀一箇可意的寃家〔二八〕，酪子裏由伊驅駕〔二九〕。更有行志不謊詐〔三〇〕，肯的你舒心兒便許俺〔三一〕，我古自未敢道真假〔三二〕。

〔尾〕怕你肯不肯囬與我句真實話〔三三〕，可休是不是空教人指點咱〔三四〕，細尋思再想咱，好前程不是耍。由你徹骨的娘透了的滑，你那疑惑心則有半米兒爭差〔三五〕，可敢錯繫了緣楊門外馬〔三六〕。

【校注】

〔一〕買笑套曲，録自元楊朝英輯朝野新聲太平樂府卷八。雍熙樂府卷十録此套曲，不注撰人。彩筆情辭題為訕思，注為元人辭。

〔二〕「麝塵」，麝香粉。唐溫庭筠達摩支曲：「擣麝成塵香不滅，拗蓮作寸絲難絕。」

〔三〕「錦瑟」，繪文如錦之瑟。唐杜甫曲江對酒詩：「何時詔此金錢會，暫醉佳人錦瑟傍。」唐李商隱錦瑟詩：「錦瑟無端五十絃，一絃一柱思華年。」

〔四〕「青鸞臨寶鏡」，南朝宋劉敬叔異苑：「罽溪國王買得一鸞，欲其鳴，不可致。飾金繁，饗珍羞，對之愈戚，三年不鳴。夫人曰：『嘗聞鸞見類則鳴，何不懸鏡照之？』王從其言，鸞睹影悲鳴，冲霄一奮而絕。」後以青鸞為鏡之代稱。以青鸞舞鏡喻失去伴侶之孤獨與痛苦。

〔五〕「丹鳳」，鳥名。禽經：「鸞首翼赤，曰丹鳳。」

〔六〕「羅衾」，絲織品製成之被。漢張衡同聲歌：「願為羅衾幬，在上衛風霜。」南唐後主李煜浪淘沙詞：「羅衾不耐五更寒，夢裏不知身是客，一晌貪歡。」

〔七〕「多」，彩筆情辭作「加」。

〔八〕「羅幌」，絲織之帷幔。「幌」，帷幔也。晉張協七命文：「重殿疊起，交綺對幌。」注：「文字集畧曰：幌，以帛明牕也。」

〔九〕「尤雲殢雨」，古以雲雨喻男女之交合，故稱沉浸於男女歡情為尤雲殢雨。宋柳永錦堂春詞：「待伊要、尤雲殢雨，纏繡衾、不與同歡。」宋杜安世剔銀燈詞：「尤雲殢雨，正繾綣朝朝暮暮。」

〔一〇〕「倒鳳顛鸞」，喻男女之歡愛繾綣。元王實甫西廂記四之二：「你繡幃裏效綢繆，倒鳳顛鸞百事有。」亦作「顛鸞倒鳳」。彩筆情辭作「鸞歡鳳狎」。

〔一一〕「感嘆嗟呀」，彩筆情辭無「嘆」字。

〔一二〕「填扎」，猶言諷刺、指責。

〔一三〕「生科泛」，謂設圈套也。「科泛」，即「科範」，宋元習語，意謂機謀、圈套。雍熙樂府卷四無名氏〔村裏迓鼓〕氣毬雙鬬套：「尋你的查頭兒是，安排的科範兒牢。」「逼匝」，宋元習語，意謂周旋。

〔一四〕「廝研」，同「廝啀」，宋元習語，意謂取笑、開玩笑。金董解元西廂記六：「紅娘莫恁把人乾廝啀，我到那裏見夫人吵，有甚臉？」承塌，同「承答」，宋元習語，意謂應承、應答。元喬吉〔新水令〕閨麗套：「芳心迎迓，彼此各承答。」「塌」，明大字寫本及清何夢華鈔本朝野新聲太平樂府、雍熙樂府、彩筆情辭俱作「答」。

〔一五〕「準」，折算、抵償也。元關漢卿竇娥冤雜劇：「我有心看上他與我家做箇媳婦，就準了這四十兩銀子，豈不兩得其便？」

〔一六〕「漾」，同「颺」，宋元習語，意謂抛撇，丢。宋周邦彥南柯子詞：「嬌羞不肯傍人行，颺下扇兒拍手引流螢。」

金董解元西廂記二：「這煩惱，如何向？待漾下，又瞻仰。」

〔一七〕「旖旎」，輕盈柔順貌。史記司馬相如傳：「旖旎從風，瀏莅卉吸。」唐司馬貞索引：「張揖云：旖旎，阿那也。」此意謂柔媚。

〔一八〕「所為」，雍熙樂府、彩筆情辭俱無此二字。

〔一九〕「如法」，宋元習語，意謂妥善、分寸適當。宋陶穀清異録卷四：「正見漆工髹裹凶器，余因言：『棺椁甚如法。』」金董解元西廂記：「多嬌女，映月來，結束得極如法。」「特」，雍熙樂府、彩筆情辭俱作「忒」。

〔二〇〕「薄」，彩筆情辭作「狂」。

〔二一〕「雲雨匿巫峽」，戰國楚宋玉高唐賦序載：昔者楚王遊高唐，怠而晝寢，夢見一婦人，願薦枕席，王因幸之。去而辭曰：「妾在巫山之陽，高丘之阻，旦為朝雲，暮為行雨，朝朝暮暮，陽臺之下。」後因以雲雨喻男女交歡。「匿」，雍熙樂府、彩筆情辭俱作「殢」。

〔二二〕「眉淡春山」，晉葛洪西京雜記卷二：「文君姣好，眉色如望遠山。」元王實甫西廂記雜劇：「春山低翠，秋水凝眸。」

〔二三〕「也不要」句，張京兆，即張敞，漢河東平陽人，字子高。曾為京兆尹，故稱。漢書張敞傳：「又為婦畫眉，長安中傳張京兆眉憮。有司以奏敞。上問之，對曰：『臣聞閨房之內，夫婦之私，有過於畫眉者。』上愛其能，弗備責也。」

〔二四〕「陽臺」，傳説中之臺名。唐劉良注：「陽臺，神自言之，實無有也。」後因以稱男女歡合之所。「面閘」，疑即「面折」，當面指責他人過錯。史記汲鄭列傳：「黯為人性倨，少禮，面折，不能客人之過。」此意謂翻臉、失和。

〔二五〕「時霎」，片刻。宋王質倦尋芳渡口酒家詞：「試問舊醅還好在，暫停歸影留時霎。」金董解元西廂記：

「不敢住時霎，即便待離京華。」此猶言時光也。

〔二六〕「科諢」，滑稽舉動與調笑之語。「歲華」，歲月、年華。南齊謝朓休沐重還道中詩：「歲華春有酒，初服偃郊扉。」舊唐書張説傳：「昔侍春誦，綢繆歲華。」

〔二七〕「覷看你的」，彩筆情辭作「覷你」。

〔二八〕「寃家」，所歡之懸稱。花草類編卷一唐無名氏醉公子詞：「劃襪下香階，寃家今夜醉。」宋黄庭堅晝夜樂詞：「其奈寃家無定據，約雲朝又還雨暮。」

〔二九〕「酩子裏」，宋元習語，意謂暗地裏也。元關漢卿望江亭雜劇：「酩子裏愁腸酩子裏焦，又不敢着旁人知道。」元王實甫西廂記雜劇二之三：「淚眼偷淹，酩子裏都揾濕香羅。」「驅駕」，猶言指使、擺佈。

〔三〇〕「更有」，彩筆情辭無「有」字。「志」，雍熙樂府、彩筆情辭俱作「止」。

〔三一〕「肯的你」，雍熙樂府、彩筆情辭俱無「你」字。「俺」，俱作「咱」。

〔三二〕「古自」，同「兀自」，宋元習語，還是也。元王實甫西廂記雜劇三之三：「猶古自參不透風流調發。」元馬致遠陳摶高卧雜劇：「尚古自炊黄粱鍋未滚。」「古」，彩筆情辭作「兀」。

〔三三〕「囬與我」，雍熙樂府、彩筆情辭俱無「與」字。

〔三四〕「指點咱」，雍熙樂府連下句為一句作「指點細尋思再想咱」；彩筆情辭連下句為一句作「指點尋思咱」。

〔三五〕「由你」二句，雍熙樂府作「由你徹骨的娘透了的那疑惑心，那有半米兒爭差」，彩筆情辭同，惟「透了的那」作「透了的」，「半米兒」，作「半米」。

〔三六〕「錯繫馬」，意謂另有新歡也。

〔中吕〕醉春風

清　高〔一〕

七國謀臣諂〔二〕，三閭賢相貶〔三〕，官極將相位雙兼〔四〕。險、險、險〔五〕，衆口難箝，您也久占，俺咱常嚴〔六〕。

〔麽〕狼虎途中慊〔七〕，山村酒興染〔八〕，引開醉眼舞青簾〔九〕。颭、颭、颭〔一〇〕，金橘香甜，玉蛆浮黏〔一一〕，緑醅醇釅〔一二〕。

〔最高歌〕醒時長嘯掀髯〔一三〕，醉後高歌入崦。竹溪花塢山莊掩，門映遥岑數點〔一四〕。

〔喜春來〕客來椀鏇巡山店〔一五〕，鶴去松陰轉屋簷〔一六〕。野塘消遣酒頻添，杯瀲灩〔一七〕，不顧老妻嫌。

〔普天樂〕無拘鈐〔一八〕，絶憂念。山嵐湖瀲，浪静風恬。籬菊纖，風雲儉，隱跡埋名隨時漸，任當途誰污誰廉〔一九〕。田租自斂，餱糧不歉〔二〇〕，世事休呥〔二一〕。

〔賣花聲煞〕懸河口緊閉山水間潛〔二二〕，經綸手忙抄塵世上閃〔二三〕。書萬卷撑腸穩支葴〔二四〕，有感幽懷露光焰，吐虹霓作歌揮劍〔二五〕。

【校注】

〔一〕清高套曲，録自元楊朝英輯朝野新聲太平樂府卷八。雍熙樂府卷七亦録之，不注撰人。

〔二〕「七國」句，漢初，諸侯王割據之勢漸強，危及朝廷。景帝采御史大夫鼂錯之議，削諸王封地以尊京師。吴王劉濞勾結楚、趙、膠西、濟南、菑川、膠東等六國，於前元三年以「請誅鼂錯，以清君側」為名，起兵叛亂。為平息七國之亂，景帝用袁盎計，斬錯於東市。此句言七國謀臣皆若袁盎讒毁鼂錯，終使其遭斬也。「諂」，當為「讒」。

〔三〕「三閭」句，三閭，即戰國楚人屈原。原懷王時曾為左徒、三閭大夫，力主聯齊抗秦，遭人讒毁，先後兩番被放逐，終自沈汨羅。

〔四〕「官極」句，謂權高勢重也。舊唐書李德裕傳：「及從官藩服，出將入相，三十年不復重遊。」

〔五〕「險、險、險」，雍熙樂府作「暢好是險、險」。

〔六〕「衆口」三句，「箝」，禁而使之不語。漢書異姓諸侯王表序：「墮城血刃，箝語燒書。」注：「應劭曰：禁民聚語，畏其謗也。箝，緘也。」「占」，卜吉凶也。「嚴」，戒懼也。正字通：「又凡敵將至設備曰戒嚴。」「久占」、「常嚴」，狀為宦者提心吊膽、惶惶不可終日之態也。「咱」，語尾詞。「箝」，雍熙樂府作「鉗」。「您」，雍熙樂府、九宫大成南北詞宫譜俱作「恁」。

〔七〕「狼虎途中」，喻充滿貪慾之官場也。狼虎貪婪，故有「虎飽狼餐」之説。「慊」，不滿足也。禮記坊記：「貴不慊於上，故亂益亡。」注：「慊，恨，不滿之貌。」

〔八〕「山村」句，言山村淳樸之風濃，無所憂慮戒懼，處於其中，易受感染，酒興時發也。「染」，感染。

〔九〕「舞青簾」，酒旗迎風飄舞。「青簾」，酒簾、酒望，古酒店懸掛之幌子。唐劉禹錫魚復江中詩：「風檣好往貪程去，斜日青簾背酒家。」宋楊萬里晨炊横塘橋酒家小牕詩：「饑望炊煙眼欲穿，可人最是一青簾。」

〔一〇〕「颭」，因風而動。正字通：「颭，凡風動物，與物受風搖曳者，皆謂之颭。」「颭颭颭」，雍熙樂府闕一「颭」字。

〔一一〕「玉蛆」，酒面浮沫也。唐韓偓海山記：「檀板輕聲銀甲緩，醅浮香米玉蛆寒。」「酟」，一夜釀成之酒。説文：「酟，一宿酒也。」詩經烈祖：「既載清酟，賚我思成。」

〔一二〕「醅」，未濾之酒。唐杜甫客至詩：「盤飧市遠無兼味，樽酒家貧只舊醅。」「釅」，濃也。宋蘇軾謝關景仁送紅梅栽二首之二：「酸釅不堪調衆口，使君風味好攢眉。」

〔一三〕「髯」，雍熙樂府作「鬚」。

〔一四〕「遥岑」，遠山。宋辛棄疾水龍吟登建康賞心亭詞：「遥岑遠目，獻愁供恨，玉簪螺髻。」

〔一五〕「鏇」，温器，鏇於湯中以温酒。

〔一六〕「鶴去」，謂客去也。晉書陶侃傳：「後以母憂去職。有二客來弔，不哭而退，化為雙鶴，冲天而去。」「簪」，元刊本朝野新聲太平樂府作「筓」，兹從雍熙樂府。

〔一七〕「瀲灩」，盈溢也。唐劉禹錫故衡州刺史吕君集紀文：「其色瀲灩於顏間，其聲發而為文章。」唐白居易對新家醖翫自種花詩：「玲瓏五六樹，瀲灩兩三盃。」

〔一八〕「拘鈐」，宋元習語，拘束也。元無名氏滿庭芳曲：「聊雲雾雨情儉，斷當着拘鈐。」亦作「拘鉗」、「拘箝」。

〔一九〕「當途」，居要職、掌大權者。同「當道」，亦作「當塗」。韓非子三守：「人臣有議當途之失，用事之過，舉臣之情。」「誰污誰廉」，隸釋孫叔敖碑：「貪吏而不可為者，當時有污名。」「廉吏而可為者，當時有清名。」

〔二〇〕「餱糧」，糧食也。「餱」，同「糇」，乾糧，説文：「餱，乾食也。」詩經無羊：「何蓑何笠，或負其餱。」

〔二一〕「哅」，咀嚼貌。荀子榮辱：「哅哅而噍。」注：「哅哅，噍貌。噍，嚼也。」此引申為談論、議論。朝野新聲太平樂府作「怫」，茲從雍熙樂府。

〔二二〕「懸河口」，南朝宋劉義慶世説新語賞譽（下）：「王太尉（衍）云：郭子玄（象）語議如懸河寫水，注而不竭。」唐韓愈石鼓歌詩：「安能以此上論列，願借辯口如懸河。」「懸河」，雍熙樂府作「試看咱懸河」。

〔二三〕「經綸」，治理籌劃國家大事。禮記中庸：「唯天下至誠，為能經綸天下之大經，立天下之大本，知天地之化育。」「抄」，即抄手，袖手。「閃」，拋撇。元王實甫西廂記雜劇：「則被他閃殺人也麼哥。」「抄」，雍熙樂府作「叉」；「閃」，作「閑」。

〔二四〕「撐腸」，滿腹，喻容受之多。唐盧仝月蝕詩：「撐腸拄肚礧傀如山丘，自可飽死更不偷。」「搘」，支也。雍熙樂府作「疊」。

〔二五〕「虹霓」，即「虹蜺」。爾雅釋天：「螮蝀，虹也。」疏：「虹雙出，色鮮盛者為雄，雄曰虹；闇者為雌，雌曰蜺。」列子天瑞：「虹蜺也，雲霧也……此積氣之成乎天者也。」

〔大石調〕青杏子

騁懷〔一〕

花月酒家樓，可追歡亦可悲秋〔二〕，悲歡聚散為常事。明眸皓齒〔三〕，歌鶯舞燕，各逞温柔。

〔么〕人俊惜風流，欠前生病酒花愁，尚還不徹相思債。攜雲挈雨，批風切月〔四〕，到處綢繆〔五〕。

〔催拍子〕愛共寢花間錦鳩，恨孤眠水上白鷗〔六〕。月宵花晝，大筵排囬雪韋娘〔七〕，小酌會竊香韓壽〔八〕。舉觴紅袖，玉纖横管〔九〕。銀甲調箏〔一〇〕，酒令詩籌〔一一〕，曲成詩就，韻協聲律〔一二〕，情動魂消，腹稿冥搜，宿恩當受〔一三〕。水仙山鬼〔一四〕，月妹花妖〔一五〕，如還得遇〔一六〕，不許干休，會埋伏未嘗泄漏。

〔么〕羣芳會首，繁英故友，夢囬時緑肥紅瘦〔一七〕。榮華過可見疎薄，財物廣始知親厚〔一八〕。慕新思舊，簪遺佩解〔一九〕，鏡破釵分〔二〇〕，蜂妒蝶羞，惡緣難救〔二一〕。痼疾長發〔二二〕，業貫將盈〔二三〕，努力呈頭〔二四〕。冷淹重餡〔二五〕，口摇舌劍，吻搠唇槍〔二六〕，獨攻決勝，混戰無憂，不到得落人奸彀〔二七〕。

〔尾〕展放征旗任誰走，廟算神機必應口〔二八〕。一管筆在手，敢搦孫吳女兵鬬〔二九〕。

【校注】

〔一〕騁懷套曲，録自元楊朝英輯朝野新聲太平樂府卷七。雍熙樂府卷十五録之，標為〔小石調〕，不注撰人。彩筆情辭注為元關漢卿作，誤。

〔二〕「追歡」，尋歡也。唐白居易追歡偶作詩：「追歡逐樂少閒時，補帖平生得事遲。」宋蘇軾去歲與子興遊……作詩贈之詩：「往歲追歡地，寒窗夢不成。」悲秋，對秋景而傷悲。戰國楚宋玉九辯：「悲哉秋之為氣也，蕭瑟兮草木摇落而變衰。」唐杜甫九日藍田崔氏莊詩：「老去悲秋強自覺，興來今日盡君歡。」此泛指傷悲。

〔三〕「明眸皓齒」，狀女子美麗之容。唐杜甫哀江頭詩：「明眸皓齒今何在，血污遊魂歸不得。」宋蘇軾虢國夫人夜遊圖詩：「明眸皓齒誰復見，只有丹青餘淚痕。」

〔四〕「批風切月」，即「批風抹月」，宋元習語，意謂吟風弄月。元喬吉〔緣幺遍〕自述曲：「笑談便是編修院，留連，批風抹月四十年。」

〔五〕「綢繆」，謂情意殷勤懇切。漢李陵與蘇武詩：「獨有盈觴酒，與子結綢繆。」三國魏吳質答東阿王書：「發函伸紙，是何文采之巨麗，而慰喻之綢繆乎？」

〔六〕「恨」，元刊本朝野新聲太平樂府作「悵」，茲從元刊八卷本太平樂府。

〔七〕「囬雪」，狀其舞姿輕盈飄忽。韋娘，即杜韋娘，唐代著名歌妓。唐孟棨本事詩：「劉尚書禹錫罷和州，為主客郎中。集賢學士李司空罷鎮在京，慕劉名，嘗邀第中，厚設飲饌。酒酣，命妙妓歌以送之。劉於席上賦詩曰：『髪鬌梳頭宮樣女，春風一曲杜韋娘。司空見慣渾閑事，斷盡江南刺史腸。』李因以妓贈之。」

〔八〕竊香韓壽，南朝宋劉義慶世説新語惑溺：「韓壽美姿容，賈充辟以為椽。充每聚會，賈女於青瑣中看，見壽，説之。恒懷存想，發於吟詠。後婢往壽家，具述如此，並言女光麗。壽聞之心動，遂請婢潛修音問。及期往宿。……自是充覺女盛自拂拭，説暢有異於常。後會諸吏，聞壽有奇香之氣，是外國所貢，一箸人，則曆月不歇。充計武帝唯賜己及陳騫，餘家無此香，疑壽與女通。……充乃取女左右婢考問，即以狀對。充秘之，以女妻壽。」韓壽，晉南陽赭陽人，字德真。

〔九〕「玉纖」，喻美人之手指也。古詩十九首行行重行行：「娥娥粉紅粧，纖纖出素手。」唐韓偓詠柳詩：「玉纖折得遥相贈，便似觀音手裏持。」

〔一〇〕「銀甲」，銀製之假指甲，用以彈箏琶等絃樂。亦稱撥。唐杜甫陪鄭廣文遊何將軍山林（十首之五）詩：

「銀甲彈箏用，金魚換酒來。」「調」，太和正音譜作「彈」。

〔一一〕「籌」，朝野新聲太平樂府、九宫大成南北詞宫譜俱作「酬」，兹從元刊八卷本朝野新聲太平樂府。

〔一二〕「協」，彩筆情辭作「諧」。

〔一三〕「宿」，朝野新聲太平樂府、雍熙樂府俱作「伯」；清何夢華鈔本朝野新聲太平樂府作「旧」，當為「舊」；彩筆情辭作「美」。

〔一四〕「水仙」，傳説中之水中仙人。唐司馬承禎天隱子神解：「在天曰天仙，在地曰地仙，在水曰水仙。」按古代傳説中之水仙多有之。越絶書越絶德序外傳記：「威凌萬物，歸神大海，蓋(伍)子胥水仙也。」晉王嘉拾遺記：「屈原隱於沅湘，被逐，乃赴清冷之水。楚人思慕，謂之水仙。」「山鬼」，山中之鬼神。戰國楚屈原九歌中有山鬼篇。史記秦始皇本紀：「山鬼固不過知一歲事也。」

〔一五〕「月妹」，月中仙子。「妹」，太和正音譜作「姝」。

〔一六〕「遇」，朝野新聲太平樂府作「過」，北詞廣正譜無此字，兹從雍熙樂府。

〔一七〕「緑肥紅瘦」，謂花稀而葉盛。宋李清照如夢令春晚詞：「知否，知否？應是緑肥紅瘦。」此喻時光已過、故人稀疏也。

〔一八〕「知」，元刊本朝野新聲太平樂府作「如」，清何夢華鈔本作「加」。兹從雍熙樂府。

〔一九〕「簪遺佩解」，謂不忘故舊相愛之情也。韓詩外傳卷九：「孔子出遊少源之野，有婦人中澤而哭，其音甚哀。孔子怪之，使弟子問焉。曰：『婦人何哭之哀？』婦人曰：『鄉者刈蓍薪而亡吾蓍簪，吾是以哀也。』弟子曰：『刈蓍薪而亡蓍簪，有何悲焉！』婦人曰：『非傷亡簪也，吾所以悲者，蓋不忘故也。』」漢劉向列仙傳江妃二女：「江妃二女者……逢鄭交甫。見而悦之，不知其神人也，謂其僕曰：『我欲下請其佩。』……遂下與之言曰：『二女勞矣。』二女曰：『客子有勞，妾何勞之有？』……遂手解佩與交甫。」「佩者」，佩玉也。

〔二〇〕「鏡破釵分」，唐孟棨本事詩情感云：南朝陳太子舍人徐德言，妻樂昌公主。徐恐國破時夫妻不相保，因破鏡與妻各執半，冀復相見。陳亡，妻入貴宅為婢。後徐至京都，見有蒼頭賣半鏡，因出半鏡合之，且題詩曰：「鏡與人俱去，鏡歸人未歸。無復姮娥影，空留明月輝。」其妻得詩，悲泣不食。主人知之，令其夫婦團圓。

〔二一〕「惡緣」，惡運也。金董解元西廂記之八：「思量俺好命劣，怎着俺惡緣惡業！」

〔二二〕「痼疾」，喻難以克服之習慣、嗜好。新唐書隱逸傳田遊巖：「臣所謂泉石膏肓，煙霞痼疾者。」

〔二三〕「業貫盈」，宋元習語，意謂為非作惡到頭，即「惡貫滿盈」。元劉時中四塊玉曲：「仇多恩少皆堪嘆，業貫盈，橫禍滿，無處閃。」亦作「孽貫滿」。

〔二四〕「呈頭」，即「承頭」，宋元習語，成合也。元喬吉金錢記雜劇：「甚時得天緣輻輳，但能够及早承頭。」亦作「成頭」。

〔二五〕「餡」，北詞廣正譜作「餡」，注謂沈彥方校正。

〔二六〕「舌劍」、「唇槍」，喻能說會道，言辭鋒利。元高文秀襄陽會雜劇：「舌劍唇劍成功幹，不分星夜到荆州。」

〔二七〕「不到得」，雍熙樂府、彩筆情辭俱無「得」字；「奸」，太和正音譜、九宮大成南北詞宮譜俱作「刀」、「棚」。「摇」、「搠」，雍熙樂府、彩筆情辭、九宮大成南北詞宮譜俱作「機」。

〔二八〕「廟」，太和正音譜作「廣」；「機」，雍熙樂府、彩筆情辭、九宮大成南北詞宮譜俱作「謨」。

〔二九〕「敢搦」句，史記孫子吳起列傳載：春秋齊人孫武，以兵法見於吳王闔廬，「闔廬曰：『可試以婦人乎？』曰：『可。』於是許之，出宮中美女，得百八十人。孫子分為二隊，以王之寵姬二人各為隊長，皆令持戟。……復三令五申而鼓之左，婦人復大笑。孫子曰：『約束不明，申令不熟，將之罪也；既已明而不如法者，吏士之罪也。』……遂斬隊長二人以徇。用其次為隊長，於是復鼓之，婦人左右前後跪起皆中規矩繩墨，無敢出聲。」「女兵」，戲稱女妓也。「孫吳」，當為「孫武」。「女兵鬭」，雍熙樂府、彩筆情辭俱無「女」字。

〔般涉調〕哨遍

秋　扇〔一〕

合歡製時人皆悅〔二〕，斫湘川翠竹挑成篋〔三〕。量分寸短長截，充直性見火隨斜〔四〕。便屈節，盤圈攢柄〔五〕，下漆投膠，按素練如秋月〔六〕。龜背羅色同沉麝〔七〕，柄分開白璧〔八〕，圈圓定烏蛇〔九〕。線纏着萬縷黑龍鬚〔一〇〕，囊鼓雙飛玉胡蝶〔一一〕。樣製孤高〔一二〕，停分無偏〔一三〕，圓不成缺。

〔么〕自謂奇絕，要和時輩爭優劣〔一四〕。得架大人權〔一五〕，比蒲葵白羽特別〔一六〕。識破也，其中隱漆，就裏藏金，徒誇外面如冰雪，除一身外餘陰難藉〔一七〕。力難撐大廈，聲不震驚蟄。中途見棄莫傷心，誤世清談謾爭舌〔一八〕，幾曾將溺庶攜挈〔一九〕。

〔要孩兒〕果然是弄巧番成拙，挽造化非同苟且〔二〇〕，要移寒暑不由天，奈四時正氣無邪〔二一〕。當胸卷地兵塵避〔二二〕，舉手謾天日色遮〔二三〕，風雲隔。本人間器物，粧世上英傑〔二四〕。

〔麽〕最難甘遞互相擡貼〔二五〕，賣弄他風流醞藉〔二六〕，只能驅一握掌中風〔二七〕，幾曾將煩暑除絶。偏宜皓齒歌金縷〔二八〕，不為生靈奏玉牒〔二九〕，臨臺榭〔三〇〕。引歌聲蕩漾，牽情思和協。

〔三煞〕寫天涯咫尺間〔三一〕，畫雲山千萬疊。縱浮花粧飾皆虛設，見胚胎破綻難藏擫〔三二〕，有點污唵嗜強打迭〔三三〕。無光攝〔三四〕，匹頭上面闊〔三五〕，半路裏腰折。

〔二〕苗稼枯木葉焦，湧泉涸井脈竭〔三六〕。晒曝得田畝龜紋裂〔三七〕，猶隨酷吏臨軒閣〔三八〕，不播仁風到窟穴〔三九〕。民災孽，障虛名有賸〔四〇〕，慰殘喘無些〔四一〕。

〔尾〕汗沾襟似沸湯〔四二〕，地烘爐如鍊鐵，比及盼得到白露中秋節〔四三〕，把四海蒼生熱殺也〔四四〕。

【校注】

〔一〕秋扇套曲，録自元楊朝英輯朝野新聲太平樂府卷九。

〔二〕「合歡」，兩面相夾之團扇。漢班婕妤怨歌行詩：「裁為合歡扇，團圓似明月。」

〔三〕「篾」，竹皮片也。廣韻：「篾，竹皮。」

〔四〕「充直」句，言竹本直，火烤之可使彎曲也。「隨」，順也。

〔五〕「盤圈攢柄」，盤為圓圈，兩端與扇柄相聚。「盤」，環繞；「攢」，聚也。

〔六〕「按素練」，敷以素練。「素練」，白色絹也。「秋月」，喻扇形圓如月也。

〔七〕「龜背」，扇脊也。龜背有紋，故有紋之背亦可曰龜背。「羅」，花紋。「沉麝」，即沉香與麝香，俱黑褐色也。

〔八〕「柄分」句，謂扇柄兩側飾以玉也。「白璧」，白色之玉。

〔九〕「圈圚」句，謂扇之圓框漆為黑色，猶如臥定不行之蛇。「圈圚」，圈套。宋趙長卿賀新郎詞：「被傍人賺後失圈圚，經一事，長一智。」此指扇之圓框。

〔一〇〕「線纏」句，謂扇柄上綴有黑色絲穗也。

〔一一〕「囊鼓」句，謂絲穗上繫有繡以雙胡蝶之香囊也。「囊」，指香囊。

〔一二〕「孤高」，喻特出不俗。唐李中獻張拾遺詩：「官資清貴近丹墀，性格孤高世所稀。」

〔一三〕「停分」，均分也。元無名氏氣英布雜劇：「喒待要獨分兒興隆起楚社稷，那裏肯劈半兒停分做漢山河。」

〔一四〕「時輩」，當時之名流、賢達。後漢書竇融傳：「章謙虛下士，收進時輩，甚得名譽。」三國志魏書孫禮傳：「禮與盧毓同郡時輩，而情好不睦。」此指同類扇子。

〔一五〕「架」，承也。「大人」，泛指富貴之人。「權」，面頰。通「顴」。三國魏曹植洛神賦：「明眸善睞，靨輔承權。」唐李善注：「權，面頰。」

〔一六〕「蒲葵白羽」，蒲葵扇與白羽扇也。「蒲葵」，植物名。形似棕櫚，葉大，可製扇。晉書謝安傳：「有蒲葵扇五萬。」晉陸機羽扇賦：「昔楚襄王會於章臺之上，……大夫宋玉唐勒侍，皆操白鶴之羽以為扇。」

〔一七〕「餘陰」，其他好處。「陰」，通「蔭」。

〔一八〕「誤世清淡」，空談妄議，於世無補，故稱。清談，空談、議論。梁書沈約傳：「乘時藉世，頗累清談。」「謾」，枉也，徒也。「爭舌」，爭辯、辯解。

〔一九〕「溺庶」，平民百姓。「溺」，弱也。釋名：「溺，弱也，不能自勝也。」「攜挈」，幫助、提攜。

〔二〇〕「造化」，大自然之創造化育。莊子大宗師：「今一以天地為大鑪，以造化為大冶。」鬼谷子本經陰符：「以觀開闢，知萬物所造化。」「挽」，元刊本朝野新聲太平樂府字迹漫漶，民國陶珙影印元刊本太平樂府此字空格，茲從明刊本太平樂府作「挽」。

〔二一〕「正氣」，天地間至大至剛之氣。漢書元帝紀：「正氣湛掩，日久奪光。」孟子公孫丑上：「其為氣也至大至剛。」宋朱熹注：「至大，初無限量；至剛，不可屈撓。蓋天地之正氣，而人得以生者。」

〔二二〕「卷地兵塵」，謂蓋地塵煙。「卷」，通「捲」。宋范成大次韻知郡安撫九日南樓宴集詩之二：「碧城香霧連天暝，黄葉霜風捲地涼。」「兵塵」，戰場之塵煙。

〔二三〕「謾天」，瞞天、遮天。

〔二四〕「粧」，同「妝」，假裝也。元關漢卿玉鏡臺雜劇：「則道我沈醉黄公舊酒罏，怎知我也有妝么處。」

〔二五〕「難甘」，難以忍受。「甘」，樂意、情願，引申為接受、忍受。「遞互」，更易、交替。擡貼，宋元習語，意謂凑和、配合。宋吴泳清平樂壽吴毅夫詞：「荔子才丹梔子白，擡貼誕彌嘉月。」「遞互擡貼」，指扇子左右摇動。

〔二六〕「醞藉」，温厚含蓄。漢書薛廣德傳：「廣德為人温雅而有醞藉。」亦作「藴藉」。

〔二七〕「一握」，喻數量少也。淮南子原道訓：「卷之不盈於一握。」

〔二八〕「皓齒」，謂牙齒潔白美麗。多指美人之齒。漢司馬相如美人賦：「雲發豐艷，蛾眉皓齒。」三國魏曹植洛神賦：「丹唇外朗，皓齒内鮮。」此指美人。「金縷」，即「金縷衣」，曲調名，宋梅堯臣一日曲：「東風若見郎，重為歌金縷。」

〔二九〕「生靈」，即生民，普通民衆也。晉書後燕載記慕容盛：「生靈仰其德，四海歸其仁。」「玉牒」，古代帝王封禪時告天之文，書之簡册，鐍而封之，以玉為飾，稱玉牒。史記封禪書：「封廣文二尺，高九尺，其下則有玉牒書，書秘。」此泛指狀紙、文牘。

〔三〇〕「臺榭」，積土高凸者為臺，臺上建亭為榭。尚書泰誓上：「惟宮室臺榭，陂池侈服，以殘害於爾萬姓。」唐李白江上吟詩：「屈平詞賦懸日月，楚王臺榭空山丘。」

〔三一〕「寫天涯」二句，形容扇面之畫也。

〔三二〕「胚胎」，喻事物之初起或發端。亦作「肧胎」。「破綻」，指事物之漏洞。「藏撅」，本指宋時從事雜耍、魔術之藝人，據其以假亂真之技藝，引申為遮藏、掩蓋。宋彭乘墨客揮犀卷八：丁晉公、夏英公「一日會宴齋宮，伶人有雜手伎號藏撅者在焉。丁顧夏曰：『古無詠藏撅詩，内翰可作一首。』英公即席獻詩曰：『舞拂桃珠復吐丸，遮藏巧伎百千般。主公端坐無由見，却被傍人冷眼看。』」

〔三三〕「唵嗜」，即「腌臢」，不潔也。「打迭」，宋元習語，意謂收拾、整理。元關漢卿魯齋郎雜劇：「怕不待打迭起千憂百慮，怎支吾這短嘆長吁。」亦作「打疊」。

〔三四〕「光攝」，宋元習語，意謂光彩。

〔三五〕「匹頭」，宋元習語，意謂當頭、開頭。元睢景臣高祖還鄉套：「見一彪人馬到莊門，匹頭裏幾面旗舒。」

〔三六〕「湧泉」，向上噴出之泉水。史記司馬相如傳：「其西則有湧泉清池，激水推移。」「井脈」，亦稱「泉脈」、「水脈」，地層中優流之泉水，其狀若人體脈絡，故稱。

〔三七〕「龜紋」，龜背之紋理，喻田畝之裂縫。

〔三八〕「酷吏」，以嚴刑峻法殘虐百姓之官吏。史記太史公自序：「民倍本多巧，姦軌弄法，善人不能化，唯一切嚴削為能齊之。作酷吏列傳第六十二。」

〔三九〕「仁風」，古代美化帝王官吏之諛詞，謂仁德遠播，若風吹萬物。後漢書章帝紀：「功烈光於四海，仁風行於千載。」晉書文苑傳袁宏：「輒當奉揚仁風，慰彼黎庶。」「窟穴」，洞穴也。韓非子說疑：「或伏死於窟穴，或槁死於草木。」此與「軒閣」對舉，指黎庶所居之處，即民間也。

〔四〇〕「賸」，多餘也。同「剩」。唐杜甫九日諸人集於林詩：「舊采黃花賸，新梳白髮微。」

〔四一〕「殘喘」，垂死時僅存之氣息。指餘生。唐陳子昂為宗舍人謝賻贈表：「孤臣殘喘，胡顏冒德。」

〔四二〕「沸湯」，滾開之水。漢書王行志：「故沸湯之在閉器，而湛於寒泉則為冰。」後漢書張宗傳：「猶以小雪投沸湯，其勢不全也。」

〔四三〕「白露」，二十四節氣之一，在每年公曆九月八日前後。

〔四四〕「蒼生」，指百姓、民衆。晉書王衍傳：「然誤天下蒼生者，未必非此人也。」晉劉琨勸進表：「蒼生顒然，莫不欣載。」

塵　腰〔一〕

千古風流旖旎〔二〕，束纖腰偏稱襄王意〔三〕。翠盤中妃后逞妖嬈〔四〕，舞春風楊柳依依〔五〕。喜則喜，深兜玉腹〔六〕，淺露酥胸〔七〕，拘束得宮腰細。一幅錦或挑或繡〔八〕，金粧錦砌，翠繞珠圍〔九〕。卧鋪繡褥釀春光，睡展香衾暗花溪〔一〇〕。粉汗香襲〔一一〕，被底無雙，懷中第一。

〔耍孩兒〕帳中偏惹情郎𢅤〔一二〕，特遣人勞心費力〔一三〕。選二色青紅相配，揀四時錦繡希奇〔一四〕。剪行時蜀錦分花萼〔一五〕，針過處吳綾聚繡堆〔一六〕。倒鈎着金針刺〔一七〕，刺得絲絲密密，裁得那整整齊齊〔一八〕。

〔六煞〕裓痕兒似剪雲〔一九〕，針脚兒如布蟻〔二〇〕。縫成倒鳳顛鸞翼〔二一〕，穿花鸂鶒偏斜落〔二二〕，出水鴛鴦顛倒飛〔二三〕。渾繡得繁華異〔二四〕，高低中不剩，寬窄裏元肥〔二五〕。

〔五〕青連紅晚霞照楚山〔二六〕，紅連青春雲射渭水〔二七〕。玉纖款款當胸繫〔二八〕，帶兒絟十二白蝶舞〔二九〕，牙子對一雙碧翠飛〔三〇〕。望得些風流意，拘鈐寂寞〔三一〕，抑勒孤悽〔三二〕。

〔四〕常常得靠柳腰〔三三〕，緊緊得貼素體。同行同坐同鴛被〔三四〕，本待遮藏秋水冰肌瘦〔三五〕，包弄春風玉一圍〔三六〕。先泄漏春消息〔三七〕，縱不是你惚開羅叩〔三八〕，多應是我瘦損香肌〔三九〕。

〔三〕你不肯遮蓋咱，咱須當遮蓋你。剗地褪酥胸落着相思諱〔四〇〕，不堪錦帳懷君子，好向嵬坡襯馬蹄〔四一〕。你不比别衣被〔四二〕，有法度針線〔四三〕，無那儹輕衣〔四四〕。

〔二〕也不索托香腮轉轉猜〔四五〕，伸纖腰細細比。不索覷摟帶裓衫兒褙裙兒褉〔四六〕，則這紅羅鞋寬掩過多三指〔四七〕，翠當頭横攙了少年圍〔四八〕。若見俺風流壻，便知消減〔四九〕，不索先題。

〔尾〕為你知心腹倚仗着伊〔五〇〕，可便半腰裏無主戚〔五一〕，似這般無恩情不管人憔悴〔五二〕，我則向心坎上單單繫着你〔五三〕。

【校注】

〔一〕塵腰套曲，録自元楊朝英輯朝野新聲太平樂府卷九。雍熙樂府卷七録此套曲，題為楊妃肚腰，不注撰人。「塵腰」，即主腰，肚兜也。用以裹護胸腹。亦稱「兜肚」。元馬致遠壽陽曲：「不信道為伊曾害，害時節有誰曾見來，瞞不過主腰胸帶。」

〔二〕「旖旎」，見本書第一一〇頁〔南吕・一枝花〕買笑注〔十七〕。亦作「猗柅」「猗猊」。

〔三〕纖腰，細腰也。墨子兼愛中：「昔者楚靈王好細要，故靈王之臣，皆以一飯為節，脅息然後帶，扶牆然後起。」韓非子二柄：「楚靈王好細腰，而國中多餓人。」後漢書馬廖傳：「傳曰：『吴王好劍客，百姓多創瘢；楚王好細腰，宫中多餓死。』」「襄王」，當為靈王。「襄」，雍熙樂府作「君」。

〔四〕「翠盤」，唐彦謙敍别詩：「翠盤擘脯臙脂香，碧碗敲冰分蔗漿。」此指舞池或舞場。「妖嬈」，嬌艷嫵媚。三國魏曹植感婚賦：「顧有懷兮妖嬈，用搔首兮屏營。」「后」，雍熙樂府作「子」。

〔五〕「楊柳依依」，詩經采微：「昔我往矣，楊柳依依。」

〔六〕「兜」，包裹。「玉腹」，美人之腹。

〔七〕「酥胸」，謂美人酥嫩之胸。宋周邦彦浣溪紗詞：「强整羅衣擡皓腕，更將紈扇掩酥胸。」

〔八〕「挑」，刺繡針法，向上刺針曰挑。

〔九〕「金粧」二句，形容錦製肚兜極華貴也。「翠繞珠圍」，亦作「珠圍翠繞」，元馬致遠惜春曲：「齊臻臻珠圍翠繞，冷清清緑暗紅疎。」「錦」，雍熙樂府作「寶」。

〔一一〇〕「釀春光」、「暗花溪」，皆美艷之情景。暗示男女戀情。

〔一一一〕「粉」，雍熙樂府作「粧」，「襲」，作「溶」。

〔一一二〕「殢」，情意纏綿。

〔一一三〕「遺」，雍熙樂府作「遣」。「費」，朝野新聲太平樂府作「廢」，茲從雍熙樂府。

〔一一四〕「錦繡」，織綵為文曰錦，刺綵為文曰繡，統稱錦繡，泛指精緻華美之絲織品。墨子辭過：「暴奪民衣食之財，以為錦繡文采靡曼之衣。」戰國策秦策一：「安有説人主，不能出其金玉錦繡，取卿相之尊者乎？」

〔一一五〕「蜀錦」，古代絲織品之一種。以其織法源於蜀地，故稱。唐杜甫白絲行詩：「繰絲須長不須白，越羅蜀錦金粟尺。」「花萼」，環列於花朵外部之葉狀薄片。亦作「花蘁」。

〔一一六〕「吳綾」，古絲織品名。唐六典：「越州出吳綾。」新唐書地理志五：「明州餘姚郡……土貢吳綾。」按：吳綾初當為吳地所產之綾，後為綾之一種，至唐已非吳郡特產。「繡堆」，凸起之繡花圖案。

〔一一七〕「倒鈎着」，雍熙樂府無「着」字。

〔一一八〕「裁得那」，雍熙樂府無「那」字。

〔一一九〕「袵痕」，皺摺狀邊緣。雍熙樂府作「恁看那摺絰」。

〔一二〇〕「蟣」，蝨卵。説文：「蟣，蝨子也。」形容針脚之細密。

〔一二一〕「倒鳳顛鸞」，亦作「顛鸞倒鳳」，謂顛倒錯亂也。金元好問促拍醜奴兒詞：「無情六合乾坤裏，顛鸞倒鳳，撑霆裂月，直被消磨。」「顛鸞翼」，雍熙樂府作「翻鸞勢」。

〔一二二〕「鸂鶒」，水鳥名。形大於鴛鴦，色多紫，水上偶游，故又謂之紫鴛鴦。「穿花」，雍熙樂府作「見穿花」。

〔一二三〕「顛倒飛」，元刊本朝野新聲太平樂府作「落倒」，茲從瞿氏鐵琴銅劍樓藏明刊本朝野新聲太平樂府及雍熙樂府。

〔二四〕「渾」，全也。宋陳師道山口詩：「漁屋渾環水，晴湖半落東。」宋陸游山行詩：「水淺游魚渾可數，山深藥草半無名。」雍熙樂府作「絡」。

〔二五〕「高低」二句，雍熙樂府無「中」、「裏」二字，「元肥」，作「伏肌」。

〔二六〕「楚山」，山名。一在今湖北襄陽縣西南；一在今陝西商縣西南。此似指後者，以下文有「渭水」故也。

〔二七〕「渭水」，即渭河、渭川。黄河主支流之一，源出甘肅省渭源縣西北鳥鼠山，東南流經清水縣，入陝西境，横貫渭河平原，東至潼關入黄河。「紅蓮」，雍熙樂府作「青蓮」，「春雲」，作「如春雲」。

〔二八〕「款款」，徐緩貌。唐杜甫曲江詩之二：「穿花蛺蝶深深見，點水蜻蜓款款飛。」「玉纖」，雍熙樂府作「玉纖手」。

〔二九〕「絟」，同「拴」。「兒絟」，雍熙樂府作「頭拴」，「白」，作「胡」。

〔三〇〕「牙子」，指主腰兩邊之鈎繡裝飾。「碧翠」，即翠鳥，亦稱翠雀。晉郭璞翠贊：「翠雀麋鳥，越在南海。」「碧」，雍熙樂府作「翡」。

〔三一〕「拘鈐」，雍熙樂府作「拘鈐的」。

〔三二〕「抑勒」，宋元習語，意謂逼迫、壓製。元關漢卿拜月亭雜劇：「怕他待抑勒我别尋個家長，那話兒便休想。」亦作「抑逼」。雍熙樂府作「抑勒的」。

〔三三〕「柳腰」，本為柳樹之柔條，多用以形容女子之纖柔腰肢。唐温庭筠南歌子詞：「轉盼如波眼，娉婷似柳腰。」唐韓偓頻訪盧秀才詩：「藥訣棋經思致論，柳腰蓮臉本忘情。」「得」，雍熙樂府作「的」。

〔三四〕「鴛被」，繡有鴛鴦之錦被。唐駱賓王從軍中行路難詩：「雁門迢遞尺書稀，鴛被相思雙帶緩。」亦稱「鴛衾」。「鴛」，雍熙樂府作「衾」。

〔三五〕「秋水」，喻清澈。唐杜甫徐卿二子歌詩：「大兒九齡色清澈，秋水為神玉為骨。」「冰肌」，雍熙樂府作「肌膚」。

〔三六〕「包弄春風」，雍熙樂府作「顛倒包弄出春光」。

〔三七〕「漏」，雍熙樂府作「了」。

〔三八〕「惚」，鬆。「羅叩」，即「羅扣」。「縱不似你」，雍熙樂府無「似你」二字。

〔三九〕「多應是我瘦損」，雍熙樂府作「管瘦損了」。

〔三九〕「剗地」，宋元習語，意謂依舊、照樣。宋辛棄疾臨江山戲為期思詹老壽：「緑窗剗地調紅妝，更從今日醉，三萬六千場。」金董解元西廂記一：「一片狂心，九曲柔腸，剗地悶如昨夜。」「剗地褪酥胸落着」，雍熙樂府作「不索褪香肌出落着」。

〔四〇〕「錦帳」，織錦帷帳。漢伶玄飛燕外傳：「帝謝之，詔益州留三年輸，為婕妤作七色錦帳，以沉水香飾。」南朝梁蕭綱倡婦怨情十二韻詩：「斜燈入錦帳，微煙出玉房。」「君子」，妻敬稱夫也。詩經草蟲：「未見君子，憂心忡忡。」「不堪」，雍熙樂府作「最宜」。

〔四一〕「嵬坡襯馬蹄」，「嵬坡」，即馬嵬坡。地名，在陝西興平縣西北。唐天寶十四年，安禄山反，次年引兵入關，玄宗倉皇幸蜀。至馬嵬，誅楊國忠，賜楊貴妃死。新唐書后妃傳：「及西幸至馬嵬，陳玄禮等以天下計誅國忠，已死，軍不解。帝遣力士問故，曰：『禍本尚在！』帝不得已，與妃訣。引至去，縊路祠下，裹屍以紫茵，瘞道側，年三十八。」唐白居易長恨歌詩：「馬嵬坡下泥土中，不見玉顔空死處。」按：舊有貴妃死後六軍馬踏其屍之説，南宋無名氏即有馬踐楊妃戲文。此類傳聞記載，實出於「女人禍水」之論。此言肚兜雖華貴，然馬嵬坡下亦難逃厄運，踐於馬蹄之下。

〔四二〕「被」，雍熙樂府作「袂」。

〔四三〕「有法」，雍熙樂府作「都是有法」。

〔四四〕「無那」，即無奈。唐駱賓王艷情代郭氏答盧照鄰詩：「無那短封即疏索，不在長情守期契。」唐王維酬郭給事詩：「強欲從君無那老，將因卧病解朝衣。」「攢」，聚積也。此句雍熙樂府作「不比無納攢情衣」。

〔四五〕「也不索托香腮」，雍熙樂府作「不索搵香肌」，「猜」，作「裁」。

〔四六〕「裎」，通「經」，帶也。「褙」，同「裉」，衣服之掛肩或腰身。「襖」，襦也。「不索覷摟」，雍熙樂府作「不離了按」。

〔四七〕「則這」句，雍熙樂府作「紅羅沿寬掩過三兩指」。

〔四八〕「攙」，刺入也。說文新附：「攙，刺也。」宋蘇軾與胡祠部遊法華山詩：「長松攙天龍起立。」「了少年」，雍熙樂府作「過少半」。

〔四九〕「消」，雍熙樂府作「清」。

〔五〇〕「為你」，雍熙樂府無「為你」、「着」三字。

〔五一〕「可便」，雍熙樂府作「誰承望」；「無主戚」，作「不得齊」。

〔五二〕「似這般無恩情」，雍熙樂府作「早知你無情」。

〔五三〕「我則向」，雍熙樂府作「俺怎肯」；「坎上」，作「坎兒上」。

古鏡〔一〕

起製軒轅始建〔二〕，物來則應堪人羨〔三〕。以此後人傳，本形少規多圓〔四〕。想在先，銅鎔開金汁，泥固定沙模，傾寫飛虹電〔五〕。那的是良工絶妙〔六〕，厚薄相稱，周旋無偏〔七〕。照臨人世待時光，暗浥香塵度流年〔八〕。紐滿青埃〔九〕，背漬朱斑，面生緑蘚〔一〇〕。

〔麽〕靠椓侵邊〔一一〕，漬斑塞滿龍蛇篆〔一二〕。八卦土匀填〔一三〕，緑雲鬭定寒泉〔一四〕。意信遣，着衣不覩，取火難通，空結愁雲怨〔一五〕。一區光容沉匿〔一六〕，霞光皆杳〔一七〕，惠眼常禪〔一八〕。鄙哉無智不矜衒〔一九〕，仁者存心可哀憐〔二〇〕，同心結羅帶深穿〔二一〕。

〔耍孩兒〕香塵花暈銀波淺〔二二〕，浮窐長庚甚遠〔二三〕，濛濛皓月墜深淵〔二四〕，玉紈輕覆雲牋〔二五〕。内明雲暗無光闡〔二六〕，裏潔煙籠不朗然，塵内蟠龍漸〔二七〕。霧昏暗結，雲翳相聯〔二八〕。

〔么〕青衣布滿如藍澱〔二九〕，爍爍寒光未轉〔三〇〕，可憐内潔幾曾知〔三一〕，鸞臺無用空懸〔三二〕。桃腮怎對施朱粉〔三三〕，宫額難臨貼翠鈿〔三四〕，不稱風流願。香奩寶砌，繡袋金圈〔三五〕。

〔五煞〕照妖鎮釋壇〔三六〕，護心保命全。分開後對成姻眷，欒昌暗結風流配〔三七〕，魯肅深謀斬斫權〔三八〕。憔悴佳人倦，愁觀衰貌，喜照芳妍〔三九〕。

〔四〕圓光淨更清〔四〇〕，菱花明更堅〔四一〕。可憐世事雲千變，玉盤本潔蒙塵垢〔四二〕，皓月雖明障霧煙。雲暗青霄掩〔四三〕，世情有分，物態無緣。

〔三〕古銅時下收〔四四〕，菱花何處選。今來特許良工見〔四五〕，氣吹黯霧飛天外，手撫殘雲離月邊〔四六〕。光彩如銀練〔四七〕。高低善辯，貌陋能傳。

〔二〕就中硬勝剛〔四八〕，外面軟似綿。冰盆初破如刀剪，逢人射影停身分〔四九〕，覩物遺形在眼前。分明現，秋天朗朗，風露涓涓〔五〇〕。

〔一〕分毫無縷瑕〔五一〕，光瑩淨玉宣〔五二〕。殘雲刮地西風捲，寒光皎潔明盈室，素魄團圓照滿天〔五三〕。似銀漢冰盤轉〔五四〕，鑑窺星斗〔五五〕，照耀山川。

〔尾〕據堅平明正清，非為俺自專〔五六〕，若囬光返照仁人面〔五七〕，廉潔分明自然顯。

【校注】

〔一〕古鏡套曲，録自元楊朝英輯朝野新聲太平樂府卷九。雍熙樂府卷七録此套曲，不注撰人。

〔二〕「軒轅」，即黄帝。傳説姓公孫，居於軒轅之丘，故名、號皆曰軒轅。先後敗炎帝、蚩尤，諸侯尊為天子。後人以之為中華民族祖先。「建」，造也。按魯迅古小説鉤沉玄中記載：「尹壽作鏡。」尹壽者，上古堯之師，居河陽。二説有異。

〔三〕「物來則應」，謂以鏡照物則顯其形也。晉傅咸鏡賦：「不將不迎，應物無方。不有心於妍醜，而衆形其必詳。」

〔四〕「少規多圓」，謂鏡之形狀多圓也。「規」，圓形。戰國楚屈原大招：「曾頰倚耳，曲眉規只。」注：「規，圜也。」

〔五〕「銅鎔」三句，言鏡之製作也。「金汁」，金屬之鎔液。周禮考工記：「準之然後量之。」疏：「此量，謂既準訖，量金汁以入模中鑄作之時也。」「沙模」，沙製鑄鏡模型。「傾寫飛虹電」，言金汁傾瀉入模若飛虹閃電也。「鎔」，元刊本朝野新聲太平樂府作「溶」，茲從瞿氏鐵琴銅劍樓藏明刊本太平樂府。「沙」，朝野新聲太平樂府作「少」，茲從雍熙樂府。

〔六〕「良工」，技藝精妙之匠人。呂氏春秋不廣：「不知致苦，卒為齊國良工，澤及子孫。」淮南子脩務訓：「玉石之相類者，唯良工能識之。」

〔七〕「周旋」，旋轉也。左傳僖公十四年：「進退不得，周旋不能。」

〔八〕「浥」，沾染。宋蘇軾連雨江漲二首之二詩：「微明燈火耿殘夢，半濕簾櫳浥舊香。」「香塵」，芳香之塵埃。此言塵土。「流年」，光陰、年華。南朝鮑照登雲陽九里埭詩：「宿心不復歸，流年抱衰疾。」唐杜甫雨詩：「悠悠邊日破，鬱鬱流年度。」

〔九〕「紐」，鏡紐，用以穿帶掛鏡。「澁」，原作「鬸」，侵蝕也。「青埃」，指銅鏡所沾染之泥土。「澁」，雍熙樂府作「鬸」。

〔一〇〕「朱斑」、「緑蘚」，皆指古鏡之蝕銹。「斑」，元刊本朝野新聲太平樂府作「班」，茲從雍熙樂府。

〔一一〕「椽」，雍熙樂府作「椽」。

〔一二〕「龍蛇篆」，鏡邊所雕刻之龍蛇狀花紋。「斑」，元刊本朝野新聲太平樂府作「班」，茲從雍熙樂府。

〔一三〕「八卦」句，言鏡背之八卦圖填滿塵土也。八卦，即☰乾、☳震、☱兑、☲離、☴巽、☵坎、☶艮、☷坤。古鏡多有雕刻八卦圖於其上者。北朝陳江總方鏡銘：「此鏡以照着衣，鏡背圖刻八卦二十八宿，仁壽殿前，無以加斯彫麗也。」「土」，雍熙樂府作「上」。

〔一四〕「緑雲」，形容女人髮多而黑。唐白居易和春深詩之七：「宋家宮樣髻，一片緑雲斜。」「闞」，望、視。「寒泉」，清冷之泉水。此喻鏡中之髮也。

〔一五〕「空結」，元刊本朝野新聲太平樂府、雍熙樂府俱無「空」字，兹從瞿氏鐵琴銅劍樓藏明刊本太平樂府。

〔一六〕「一區」，一片也。

〔一七〕「杳」，昏暗也。説文：「杳，冥也。」雍熙樂府作「查」。

〔一八〕「惠眼常禪」，喻鏡子不能照物，若禪定之眼常閉。「惠眼」，敏鋭之眼睛。此喻古鏡。「禪」，静思。是時多閉目，故可引申為閉也。「惠」，雍熙樂府作「慧」。

〔一九〕「鄙哉」句，太平御覽卷七一七：「韓子曰：古之人目短於自見，故以鏡觀面；智短於目知，故以道正己。鏡無見疵之罪，道無明過之惡。目失鏡，無以正鬢眉；身失道，無以知迷惑。」「矜衒」，矜誇、炫耀。

〔二〇〕「仁者」句，初學記卷二五：「莊子曰：至人之用心也若鏡，不將不迎，應而不藏，故勝物而無憂傷。」又晉傅咸鏡賦：「君子知貌之不可以不飾，則内省而自箴。既見前而慮後，則祗畏於幽深；察明明之待瑩，則以此而洗心；覩目觀之有暇，則積訓於儒紳。夫然尚何厥容之有慢，而厥思之有淫。」

〔二一〕「同心」句，言以結紐成連環迴文之絲帶為鏡帶也。「同心結」，以錦帶製成連環迴文之紐結。南朝梁武帝有所思詩：「腰間雙綺帶，夢為同心結。」

〔二二〕「銀波」，月光也。

〔二三〕「長庚」，即金星。亦名太白、啟明。昏見者為長庚，旦見者為啟明。

〔二四〕「濛濛」，雍熙樂府作「瑩瑩」。

〔二五〕「玉紈」句，言古鏡昏然若絹、紙覆其上也。「玉紈」，白絹。「雲牋」，精美紙也。

〔二六〕「闡」，顯現。説文：「闡，開也。」

〔二七〕「蟠龍」，迴旋之龍形。淮南子本經：「寢兕伏虛，蟠龍連組。」此同「龍蛇篆」，皆指鏡邊之花紋也。「漸」，浸漬也。廣韻：「漸，漬也。」荀子勸學：「蘭槐之根是為芷，其漸之滫，君子不近，庶人不服。」

〔二八〕「雲翳」，漢陸賈新語慎微：「罷雲霽翳，令歸山海，然後乃得覩其光明。」「翳」，蔽也。

〔二九〕「青衣」，形容銅鏡之銹也。「藍澱」，藍色染料。「澱」，俗作「靛」。通志昆蟲草木：「藍三種：蓼藍大藍槐藍，皆可作澱。」

〔三〇〕「爍爍」，亮光閃動貌。漢李陵録別詩：「爍爍三星列，拳拳月初生。」唐韓愈芍藥詩：「浩態狂香昔未逢，紅燈爍爍緑盤龍。」「寒光」，刀劍之光。唐盧綸難綰刀子歌：「輕冰薄玉狀不分，一尺寒光堪決雲。」此指鏡光。「轉」，迴旋。說文：「轉，還也。」引申為顯現。

〔三一〕「曾」，元刊本朝野新聲太平樂府作「幾」，茲從雍熙樂府。

〔三二〕「鸞臺」，有鸞飾之鏡臺。鸞，鳳之一種。

〔三三〕「桃腮」，喻女子容貌美艷。「朱粉」，胭脂和鉛粉，婦女之化妝品也。南史王裕之傳：「著青紋袴襹，飾以朱粉。」唐白居易題令狐家木蘭花詩：「膩如玉脂塗朱粉，光似金刀剪紫霞。」

〔三四〕「翠鈿」，緑玉頭飾。唐杜牧代吳興妓春初寄薛軍事詩：「霧冷侵紅粉，春陰貼翠鈿。」唐許渾贈蕭鍊師詩：「紅珠絡繡帽，翠鈿束羅襟。」

〔三五〕「香奩」二句，謂空有鏡匣妝袋也。「香奩」，鏡匣，南唐後主李煜輓辭詩：「玉笥猶殘藥，香奩已染塵。」繡袋，指盛以梳妝物之袋。「袋」，雍熙樂府作「帶」。

〔三六〕「照妖」，漢郭憲洞冥記：「釣影山去昭河三萬里……望蟾閣十二丈，上有金鏡，廣四尺。元封中，有祇國獻此鏡，照見魑魅，不獲隱形。」「釋壇」，釋界也。「照」，雍熙樂府作「臨」。

〔三七〕「樂昌」句，見本書第一一九頁〔大石調〕青杏子騁懷注〔二〇〕。

〔三八〕「魯肅」句，「魯肅」，三國吳東城人。周瑜欲索回荊州，便與魯肅共謀以孫權之妹嫁劉備，暗囚孔明、終殺劉備之計。奏明孫權，即派魯肅遠赴荊州，以為良媒。後因吳國太主持，計劃終未成功，劉備不失荊州，又得孫氏夫人。事見元無名氏三國志平話卷中。「權」，謀略也。

〔三九〕「芳妍」，敬稱女子之容面。「妍」，同「顏」。

〔四〇〕「圓光」，古時術士，取鏡子或白紙念咒，讓兒童觀看，若可見種種幻相，即可預卜吉凶禍福，亦可尋找失物或治病。此指鏡光。

〔四一〕「菱花」，古代稱六角形或背上刻有菱花圖形之銅鏡為菱花鏡，後徑以菱花為鏡子之代稱。唐李白代美人愁鏡二首之二：「狂風吹却妾心斷，玉筯並墮菱花前。」宋宋祁筆次詩：「菱花照鬢感流年，始覺空名盡偶然。」

〔四二〕「玉盤」，喻圓月。唐李白古朗月詩：「小時不識月，呼作白玉盤。」此喻明鏡。

〔四三〕「青霄」，碧空也。晉左思蜀都賦：「干青霄而秀出，舒丹氣而為霞。」唐李白登峨眉山詩：「青冥依天開，彩錯疑畫出。」

〔四四〕「時下」，宋元習語，現在、目前也。元王實甫破窑記雜劇二：「雖然是時下貧，有朝發憤日，那其間報答恩德。」

〔四五〕「良工」，見本套曲之注六。此指工藝精妙之鏡子。

〔四六〕「氣吹」二句，「黯霧」，喻古鏡上之塵埃；「殘雲」，喻古鏡之銹蝕斑漬也。「撫」，雍熙樂府作「拂」；「邊」，瞿氏鐵琴銅劍樓藏明刊本朝野新聲太平樂府作「遠」。

〔四七〕「銀練」，喻皎潔光亮之月。「練」，絲繒也。

〔四八〕「就中」，其中也。唐李白憶舊遊寄譙郡元參軍詩：「海内賢豪青雲客，就中與君心莫逆。」唐杜荀鶴登山寺詩：「就中偏愛石，獨上最高層。」

〔四九〕「停分」，均分、半分也。元無名氏氣英布雜劇：「那裏肯半劈兒停分做漢山河。」

〔五〇〕「涓涓」，同「泫泫」，露珠閃亮貌。南朝宋謝惠連泛湖歸出樓中翫月詩：「斐斐氣暮岫，泫泫露盈條。」

〔五一〕「罅瑕」，小罅隙、裂縫。「瑕」，瞿氏鐵琴銅劍樓藏明刊本朝野新聲太平樂府作「霞」。

〔五二〕「玉宣」，即瑄玉，璧也。「宣」，同「瑄」。雍熙樂府作「瑄」。

〔五三〕「素魄」，月光。唐盧仝月蝕詩：「吐却天漢中，良久素魄微。」「團圓」，形容圓貌。唐元稹高荷詩：「颭閃碧雲扇，團圓青玉疊。」

〔五四〕「銀漢」，即銀河、天河。南朝宋鮑照夜聽妓二首之一：「夜來坐幾時，銀漢傾露落。」唐温庭筠七夕詩：「金風入樹千門夜，銀漢横空萬象秋。」「冰盤」，即冰鏡，明月也。

〔五五〕「星斗」，衆星之泛稱。晉書元帝紀：「星斗呈祥，金陵表慶。」唐李白宿清溪主人詩：「簷楹挂星斗，枕席響風水。」

〔五六〕「為俺」，雍熙樂府作「俺敢」。

〔五七〕「仁人」，有仁德之人。論語衛靈公：「志士仁人，無求生以害仁，有殺身以成仁。」

思鄉〔一〕

輦轂下人生有幸〔二〕，樂太平歌舞同歡慶。金綺陌玉娉婷〔三〕，間笙簧歌轉流鶯〔四〕。鬭馳騁〔五〕，粉濃蘭麝〔六〕，肌瑩瓊酥〔七〕，花解語嬌相並〔八〕。旦暮花魔酒病〔九〕，詩酬酢好句〔一〇〕，詞賡和新聲〔一一〕。櫻唇月下品玉簫〔一二〕，春筍花前按銀箏。正宴樂皇都〔一三〕，忽憶吳山〔一四〕，頓思越景〔一五〕。

〔么〕書劍南行〔一六〕，或征或止無定。飄泊若雲萍〔一七〕，駕孤舟一葉帆輕〔一八〕。似脱穎〔一九〕，辭九重鳳闕〔二〇〕，快萬里鵬程〔二一〕，無名利徒奔競。自願瞰東南形勝〔二二〕，湖山留客醉，花柳繫人情。梯航海嶠暮雲黄〔二三〕，轎馬煙嵐亂山青〔二四〕，屢曾經，蓮渚蘆汀〔二五〕。

〔耍孩兒〕山屏錦幛繁花盛〔二六〕，雪霽風和雨晴，良工着色畫難成，竹疎梅淡輕盈。竹穿壞壁凉陰淺，梅枕寒流瘦影清，貪幽净。懶趨權勢，不就功名。

〔么〕蹉跎到處閑蹭蹬〔二七〕，不覺秋霜鬢冷，客窗幾度夢朝京，憶松楸敗境荒荆〔二八〕。見新人百倍增千倍〔二九〕，問故友十停無九停〔三〇〕。咱傚倖，尚天涯流落，海角飄零。

〔三煞〕涎乾沿壁蝸〔三一〕，翅殭守凍蠅。羈縻人舟纜樁橛釘〔三二〕，遲留荆楚悲王粲〔三三〕，久困長沙嘆賈生〔三四〕。思薄命，錢未嘗滿貫，糧不足空缾。

〔二〕雖然動的脚根，何曾轉的眼睛。杜鵑啼感動歸家興〔三五〕，羡孤雲易舉離南浦〔三六〕，無雙翼高飛過渭城〔三七〕。行裝併〔三八〕，載滿船風月，十里旗亭〔三九〕。

〔尾〕剡溪水半合〔四〇〕，山陰雪欲平〔四一〕，還鄉子安道無踪影〔四二〕，不迴棹先生望誰請〔四三〕。

【校注】

〔一〕思鄉套曲，録自元楊朝英輯朝野新聲太平樂府卷九。雍熙樂府亦録此套，不注撰人。按録鬼簿言作者「大興人。自北南來，喜江浙人才之多，羨錢塘景物之盛，因而家焉。」此曲應作於困居東南之時。

〔二〕「輦轂下」，天子車駕近旁，代稱京師。北齊書路去病傳：「京城下有鄴、臨漳、戍安三縣，輦轂之下舊號難治。」宋黄庭堅送薛樂道知鄖鄉詩：「歲晚相望青雲衢，去年樽酒輦轂下。」

〔三〕「綺陌」，錦繡般交錯之道路。形容街道華麗。南朝梁蕭綱登烽火樓詩：「萬邑王畿曠，三條綺陌平。」唐元稹羨醉詩：「綺陌高樓競醉眠，共期顛頞不相憐。」「娉婷」，姿態美好貌。漢辛延年羽林郎詩：「不意金吾子，娉婷過我廬。」宋郭茂倩樂府詩集卷四無名氏子夜四時歌：「娉婷揚袖舞，阿那曲身輕。」

〔四〕「間」，雜錯。管子任法：「無間識博學辯説之士。」注：「間，雜亂也。」「笙簧」，笙中之簧片，用以振動發聲。禮記明堂位：「叔之離磬，女媧之笙簧。」北周庾信春賦：「更炙笙簧，還移箏柱。」此泛指樂器。「歌轉流鶯」，歌聲若鳴聲圓轉之黄鶯。唐李白對酒詩：「流鶯啼碧樹，明月窺金罍。」「簧」，元刊本朝野新聲太平樂府、雍熙樂府俱作「篁」，茲從太和正音譜。「流」，元刊本朝野新聲太平樂府、雍熙樂府、九宮大成南北詞宫譜俱作「聞」，茲從太和正音譜。

〔五〕「鬬」，紛亂也。唐韓愈初南食貽元十八協律詩：「章舉馬甲柱，鬬以怪自呈。」「馳騁」，奔競也。戰國楚屈原離騷：「乘騏驥以馳騁兮，來吾導夫先路。」

〔六〕「蘭麝」，蘭與麝香，皆香料。南朝宋鮑照中興歌十首之三：「綵墀散蘭麝，風起自生芳。」晉書石崇傳：「崇盡出其婢妾數十人以示之，皆蘊蘭麝，披羅縠。」

〔七〕「肌瑩」句，喻肌膚柔膩潤滑，光潔如玉。「瓊」，玉之光華；「酥」，柔膩光潔。宋陸游釵頭鳳詞：「紅酥手，黄縢酒。」

〔八〕「解」，元刊本朝野新聲太平樂府、雍熙樂府俱作「鮮」，茲從太和正音譜及九宮大成南北詞宫譜。

〔九〕「花魔酒病」，言沉溺於酒色之中。

〔一〇〕「酬酢」，應對也，引申為唱和。易繫辭上：「是故可與酬酢。」唐韓愈晚秋郾城夜會聯句李正封詩：「道舊生感激，當歌發酬酢。」

〔一一〕「賡和」，唱和也。同「賡酬」。新唐書后妃傳韋皇后附上官昭容（婉兒）：「數賜宴賦詩，君臣賡和，婉兒常代帝及后……衆篇並作，而采麗益新。」宋楊萬里洮湖和梅詩序：「吟咏之不足，則盡取古今詩人賦梅之作而賡和之。」

〔一二〕「櫻唇」，形容女子之口嬌小而紅若櫻桃。元張憲太真明皇譜笛圖詩：「風生龍爪玉星香，露溼櫻唇金縷長。」「玉簫」，樂器。玉質之簫。真誥運象三：「玉簫和我神，金醴釋我憂。」唐李白江上吟詩：「木蘭之枻沙棠舟，玉簫金管坐兩頭。」

〔一三〕「正宴樂」，雍熙樂府、太和正音譜、九宮太成南北詞宫譜俱作「富貴」。

〔一四〕「吳山」，山名。在浙江杭州市東南。春秋時為吳南界，故名。舊時上有伍子胥廟，故又稱胥山。此句雍熙樂府、太和正音譜、九宮大成南北詞宫譜俱作「風光上國」。

〔一五〕越景，越地之景。越，古國名。亦稱於越。相傳夏少康封其庶子無余於此。有今浙江杭州以南東至海之地，治會稽（今紹興）。吳山、越景，泛指江浙山水。「頓思越」，雍熙樂府、太和正音譜、九宮大成南北詞宫譜俱作「繁華盛」。「景」，九宮大成南北詞宫譜作「京」。

〔一六〕「書劍」，書劍與寶劍，為古時文人畢生研求兩大目標。書指文章，讀書做官也；劍指武藝，仗劍從軍也。唐陳子昂送別出塞詩：「平生聞高議，書劍百夫雄。」唐孟浩然自洛之越詩：「遑遑三十載，書劍兩無成。」

〔一七〕「飄泊」，隨水飄流。喻流離失所，行止無定。北史山偉傳：「身亡之後，賣宅營葬，妻子不免飄泊」。又，袁式傳：「雖羈旅飄泊，而清貧守度，不失士節。」亦作「漂泊」。

〔一八〕「舟」，元刊本、瞿氏鐵琴銅劍樓藏明刊本朝野新聲太平樂府俱作「帆」，茲從九宮大成南北詞宮譜。「帆輕」，瞿本太平樂府無「帆」字。

〔一九〕「脱穎」，同「穎脱」，喻不為世俗榮辱聲名所束縛。「穎」，錐芒。晉書陶潛傳：「穎脱不羈，任真自得，為鄉鄰之所貴。」

〔二〇〕「九重鳳闕」，指京都大都（今北京市）。「九重」，天子所居之地。因王城之門有九重，故以喻宮禁之深遠。戰國楚宋玉九辯：「豈不鬱陶而思君兮，君之門以九重。」注：「君門深邃，不可至也。」唐劉禹錫逢王二十學士入翰林詩：「定知欲報淮南詔，促召王褒入九重。」「鳳闕」，漢宮闕名。史記孝武本紀：「建章宮前殿度高未央，其東則鳳闕，高二十餘丈。」唐司馬貞索隱：「三輔故事云：北有圜闕，高二十丈，上有銅鳳皇，故曰鳳闕也。」後泛指帝王宮闕。唐李白感時留別從兄徐王延年從弟延陵詩：「冠劍朝鳳闕，樓船侍龍池。」

〔二一〕「鵬程」，鵬鳥之飛程。喻路程遥遠。吕定登東岳山詩：「鵬程九萬扶摇近，世界三千指顧低。」唐彦謙留別詩：「鵬程三萬里，別酒一千鍾。」

〔二二〕「形勝」，景觀優美。魏書馮亮傳：「周視崧高形勝之處，遂造閑居佛寺。」唐元結遊右溪示學者詩：「小溪在城下，形勝堪賞愛。」

〔二三〕「梯航」，登山航海。形容經曆險遠之途。唐令狐楚賀聖表：「百蠻梯航以内面，萬國歌舞而宅心。」「海嶠」，近海多山之地。唐張九齡送使廣州詩：「家在湘原住，君今海嶠行。」唐劉長卿登揚州栖靈寺塔詩：「江流入空翠，海嶠現微碧。」

〔二四〕「輴馬」，乘輴騎馬。「煙嵐」，同「嵐煙」，雲煙蒸潤之氣。唐元稹重夸州宅旦暮景色兼酬前篇末句詩：「繞郭煙嵐新雨後，滿山樓閣上燈初。」唐李紳卻望無錫芙蓉湖詩：「水寬山遠煙嵐迥，柳岸縈迴在碧流。」

〔二五〕「渚」，小洲。説文：「渚，爾雅曰：『小洲曰渚。』」「汀」，水邊平地。南朝宋謝靈運登臨海嶠……可見羊何共和之詩：「隱汀絶望舟，鶩棹逾鶩流。」

〔二六〕「幛」，雍熙樂府作「幢」。

〔二七〕「蹉跎」，指光陰虛度，年華消逝。晉阮籍詠懷詩之八：「娱樂未終極，白日忽蹉跎。」晉書周處傳：「欲自修而年已蹉跎。」「蹭蹬」，困頓失意貌。晉木華海賦：「或乃蹭蹬窮波，陸死鹽田。」唐李善注：「蹭蹬，失勢之貌。」唐高適送蔡山人詩：「我今蹭蹬無所似，看爾崩騰何若為。」

〔二八〕「松楸」，木名。多植於墓地，故為墓地之代稱。南齊謝朓齊敬皇后哀策文：「陳象設於圓寢兮，映輿鏤於松楸。」唐劉禹錫酬樂天見寄詩：「若使吾徒還早達，亦應簫鼓入松楸。」「荒荆」，漢劉珍等東觀漢記：「尹勤治韓詩……無有交遊，門生荆棘。」（見藝文類聚卷八九）

〔二九〕「見」，元刊本朝野新聲太平樂府此字空格，瞿氏鐵琴銅劍樓本太平樂府作「道」，兹從雍熙樂府。

〔三〇〕「停」，成數，總數中之一部分。元耶律楚材辛巳閏月西域山城值雨詩：「淚凝孤枕三停溼，花結殘燈一片明。」「無」，雍熙樂府作「少」。

〔三一〕「涎乾」二句，壁蝸、凍蠅，皆喻滯留他鄉、走投無路之人。

〔三二〕「羈縻人」，困頓不得解脱之人。「羈縻」，維繫牽製。「羈」，馬籠頭；「縻」，牛靷。史記封禪書：「然羈縻不絶，冀遇其真。」漢司馬相如難蜀父老文：「蓋聞天子之牧夷狄也，其義羈縻無絶而已。」「樁橛釘」，皆繫船之具。「樁」，插入泥土中之木橛；「橛」，短木樁。

〔三三〕「遲留」句，「王粲」，三國魏山陽高平人。字仲宣，「建安七子」之一。三國志魏書王粲傳：「年十七，司徒辟，詔除黄門侍郎，以西京擾亂，皆不就。乃之荆州依劉表。表以粲貌寢而體弱通侻，不甚重也。」粲淹留荆州時，嘗登當陽城樓，作登樓賦，抒寫久居客地、才能無以施展及思歸之情。元鄭德輝有王粲登樓雜劇，敷演此事。遲留，逗留、滯留。後漢書方術傳李南：「南問其遲留之狀。」唐韓愈知別賦：「倚郭郛而掩涕，空盡日以遲留。」

〔三四〕「久困」句，「賈生」，即賈誼，漢初雒陽人。少富學，文帝召為博士，遷太中大夫。改正朔，易服色，製法度，興禮樂，為權貴所忌。史記屈原賈生列傳：「於是天子議以為賈生任公卿之位，絳、灌、東陽侯、馮敬之屬盡害之，乃短賈生曰：『雒陽之人，年少初學，專欲擅權，紛亂諸事。』於是天子後亦疏之，不用其議，乃以賈生為長沙王太傅。」

〔三五〕「杜鵑」句，「杜鵑」，鳥名。禽經杜鵑：「蜀右曰杜宇。」晉張華注引漢李膺蜀志曰：「望帝稱王於蜀，得荆人鱉靈，立以為相。「後數歲，望帝以其功高，禪位於鱉靈，號曰開明氏。望帝修道，處西山而隱，化為杜鵑鳥，或云化為杜宇鳥，亦曰子規鳥。至春則啼，聞者悽惻。」舊傳此鳥啼聲悲切，聲像「不如歸去」之音，後多用杜鵑聲表達思歸或催歸之意。宋梅堯臣杜鵑詩：「不如歸去語，亦自古來傳。」

〔三六〕「孤雲」，孤零之片雲。唐李白獨坐敬亭山詩：「衆鳥高飛盡，孤雲獨去閒。」「南浦」，泛指南向之水邊。戰國楚屈原九歌河伯：「子交手兮東行，送美人兮南浦。」後用以指與親友分別之地。南朝梁江淹別賦：「送君南浦，傷如之何？」

〔三七〕「渭城」，地名。為古扶風治所，故城在今陝西咸陽市東。唐王維送元二使安西詩：「渭城朝雨裛輕塵，客舍青青柳色新。勸君更盡一盃酒，西出陽關無故人。」故後亦以之代送別之地。此泛指途經之所。

〔三八〕「併」，合也。孫子九地：「謹養而無勞，併氣積力。」引申為打點、裝載。

〔三九〕「旗亭」，市樓也。上有旗幟，故名。史記三代世表：「與方士考功會旗亭下，為臣言。豈不偉哉！」集解：「旗亭，市樓也，立旗於上，故取名焉。」「十里」，雍熙樂府其上有「邀」字。

〔四〇〕「剡溪」，水名。在浙江嵊縣南，曹娥江之上遊也。宋樂史太平寰宇記剡縣：「剡溪在縣南一百五十步。一源出臺州天臺縣，一源出婺州武義縣，即王子猷雪夜訪戴逵之所也。亦名戴谿。」

〔四一〕「山陰」，地名。即今浙江紹興市。

〔四二〕「子」，元刊本朝野新聲太平樂府作「了」，茲從雍熙樂府。

〔四三〕「不迴棹」句，南朝宋劉義慶世説新語任誕載：王徽之居山陰，夜大雪，酒後忽憶戴逵，即夜乘船造戴所居之剡溪。經宿方至，又迴棹而返。人問其故，曰：「吾本乘興而行，興盡而返，何必見戴？」「迴棹」，雍熙樂府、九宮大成南北詞宮譜俱作「迴棹的」。

羊訴冤〔一〕

十二宮分了巳未〔二〕，稟乾坤二氣成形質〔三〕。顔色異種多般，本性善羣獸難及。向塞北，李陵臺畔，蘇武坡前〔四〕，嚼臥夕陽外〔五〕。趁滿目無窮草地，散一川平野，走四塞荒陂〔六〕。馭車善致晉侯歡〔七〕，拂石能逃左慈危〔八〕。捨命於家，就死成仁〔九〕，殺身報國。〔么〕告朔何疑〔一〇〕，代釁鍾偏稱宣王意〔一一〕。享天地濟民饑，據雲山水陸無敵。盡之矣，駞蹄熊掌，鹿脯獐犯〔一二〕，比我都無滋味。折莫烹炮煮煎熛蒸炙〔一三〕，便鹽淹將卮〔一四〕，醋拌糟焙。肉麋肌鮓可為珍〔一五〕，蓴菜鱸魚有何奇〔一六〕，於四時中無不相宜。

〔耍孩兒〕從黑河邊趕我到東吴内〔一七〕，我也則望前程萬里，想道是物離鄉貴有些峥嶸〔一八〕，撞着箇主人翁少東没西〔一九〕。無料喂把腸胃都抛做糞，無水飲將脂膏盡化做尿〔二〇〕。便似養虎豹牢監繫，從朝至暮，坐守行隨。

〔么〕見一日八十番覷我膘脂，除我柯杖外别有甚的〔二一〕，許下浙江等處惡神祇，又請過在城新舊相知。待賃與老火者殘歲裏呈高戲〔二二〕，要顧與小子弟新年中扮社直〔二三〕。窮養的無巴避〔二四〕，待準折舞裙歌扇〔二五〕，要打摸暖帽春衣〔二六〕。

〔一煞〕把我蹄指甲要舒做晃窗，頭上角要鋸做解錐。瞅着頷下鬚緊要絟搊筆〔二七〕，待生撏我毛裔鋪氈襪〔二八〕，待活剥我監兒踏碑皮〔二九〕。眼見的難迴避，多應早晚，不保朝夕。

〔二〕火裏赤磨了快刀〔三〇〕，忙古歹燒下熱水〔三一〕。若客都來抵九千鴻門會〔三二〕，先許下神鬼彫了前膊〔三三〕，再請下相知揣了後腿。圍我在垓心内〔三四〕，便休想一刀兩段，必然是萬剮凌遲〔三五〕。

〔尾〕我如今剌搭着兩箇蔫耳朵〔三六〕，滴溜着一條麄硬腿，我便似蝙蝠臀内精精地〔三七〕，要祭賽的窮神下的呵喫〔三八〕。

【校注】

〔一〕羊訴冤套曲，録自元楊朝英輯朝野新聲太平樂府卷九。雍熙樂府卷七亦録之，不注撰人。

〔二〕「十二宮」句，隱指羊也。十二宮，將黄道全周三百六十度均分為十二段，每段三十度，稱十二宮。配以十二支，依次是降婁（戌）、大梁（酉）、實沈（申）、鶉首（未）、鶉火（午）、鶉尾（巳）、壽星（辰）、大火（卯）、析木（寅）、星紀（丑）、玄枵（子）、娵訾（亥）。巳未，舊依十二種動物配十二支，稱十二肖或十二屬。若子鼠時當正月，未羊即當八月；而十二宮裏降婁宮之起點為春分，鶉尾（巳）宮正當八月末，故此言巳未。

〔三〕「乾坤二氣」，即天地二氣、陰陽二氣。古以其為化成萬物之兩種元素。易繫辭上：「陰陽不測之為神。」疏：「天下萬物，皆由陰陽，或生或成，本其所由之理，不可測量之謂神也。」「形質」，形體與性情。晉書前趙載記劉曜：「以形質異，衆恐不容於世。」南史徐摛傳：「形質陋小，弱不勝衣。」

〔四〕「李陵臺」、「蘇武坡」，皆泛指塞北大漠遊牧族之境。「李陵」，漢隴西成紀人。字少卿，名將李廣之孫。武帝天漢二年，陵率射士步兵五千人深入胡地，與匈奴八萬人力戰，矢盡絶援遂降匈奴。見漢書李將軍列傳李陵。「蘇武」，漢杜陵人，字子卿。武帝天漢元年以中郎將出使匈奴，被留。單于脅其降，不屈。「乃徙武北海上無人處，使牧羝，羝乳乃得歸。」見漢書蘇武傳。「畔」，雍熙樂府作「伴」。

〔五〕「嚼」，元刊本朝野新聲太平樂府作「爵」，兹從瞿氏藏鐵琴銅劍樓本太平樂府及雍熙樂府。

〔六〕「荒陂」，荒坡。「陂」，坂、山坡。説文：「陂，坂也。」

〔七〕「馭車」句，車，羊車也，為宮中小車，以羊拖拉之，故名。晉書后妃傳武悼楊皇后：「時武帝多内寵，平吳之後，復納孫皓宮人數千，自此掖庭殆將萬人，而並寵者甚衆，帝莫知所適。常乘羊車，恣其所之，至便宴寢。宮人乃取竹葉插户，以鹽汁灑地，而引帝車。」「晉侯」，指晉武帝。

〔八〕「拂石」句，「左慈」，東漢末方士。晉干寶搜神記卷一：「左慈字元放，廬江人也。少有神通。嘗在曹公座……公怒，陰欲殺放……遂走入羊羣。公知不可得，乃令就羊中告之曰：『曹公不復相殺，本試君術耳。今既驗，但欲與相見。』忽有一老羝，屈前兩膝，人立而言曰：『遽如許。』人即云此羊是，競往赴之。而羣羊數百，皆變為羝，並屈兩膝，人立而言曰：『遽如許。』於是遂莫知所取焉。」

〔九〕「成仁」，成就仁德。論語衛靈公：「無求生以害人，有殺身以成仁。」

〔一〇〕「告朔」，古時天子每歲季冬以來年朔正分賜諸侯，諸侯受而藏之於廟，月朔則以特羊告廟請行，稱為告朔。周禮春官太史：「頒告朔於邦國。」論語八佾：「子貢欲去告朔之餼羊。子曰：『賜也，爾愛其羊，我愛其禮。』」宋朱熹集注：「告朔之禮，古者天子常以季冬頒來歲十二月之朔於諸侯，諸侯受而藏之祖廟。月朔，則以特羊告廟，請而行之。」「朔」，每月初一也。

〔一一〕「代釁鍾」句，即「釁鍾」，古時以牲血涂鍾祭神之禮。孟子梁惠王上：齊宣王「坐於堂上，有牽牛而過堂下。王見之，曰：『牛何之？』對曰：『將以釁鍾。』王曰：『舍之！吾不忍其觳觫。若無罪而就死地。』對曰：『然則廢釁鍾歟？』曰：『何可廢也？以羊易之！』」漢王充論衡恢國：「齊宣王憐釁鍾之牛，睹其色之觳觫也。」此句言齊宣王不忍睹釁鍾之牛驚慌恐懼貌，令以羊代之，則稱意焉。

〔一二〕「駞蹄」二句，泛指珍貴食品。「駞蹄」，當為駞峯，古代八種珍貴菜肴之一。唐杜甫麗人行詩：「紫駝之峯出翠釜，水精之盤行素鱗。」宋周密癸辛雜識續集駝峯：「駝峯之雋，列於八珍，然駝之壯者，兩峯堅聳，其味甘脆，如熊白孄房而尤勝；若駝之老者，兩峯偏軃，其味淡韌，如嚼敗絮。」「駝」，同「駞」。「熊掌」，又名熊蹯，味肥美，為古八珍之一。孟子告子上：「魚，我所欲也；熊掌，亦我所欲也。兩者不可得兼，舍魚而取熊掌者也。」「脯」，乾肉。「犯」，同「羓」，乾肉。集韻：「羓，臘屬。」駞，雍熙樂府作「馱」。

〔一三〕「折莫」，宋元習語，意謂無論，不必說。金董解元西廂記一：「折莫老的少的，俏的村的，滿壇裏熱荒。」炮，烹飪之一種，燒烤也。說文：「炮，毛炙肉也。」熛，雍熙樂府作「煠」。「煠」，同「炸」。「莫」，雍熙樂府作「草」。

〔一四〕「將」，同「醬」。「巵」，同「卮」，圓形器也。「淹」，雍熙樂府作「醃」。

〔一五〕「肉糜」，肉粥也。晉書惠帝紀：「及天下荒亂，百姓餓死，帝曰：『何不食肉糜？』其蒙蔽皆此類也。」肌鮓，即肉鮓，經過加工之魚食品。釋名釋飲食：「鮓，菹也。以鹽末釀魚以為菹，熟而食之也。」

〔一六〕「蓴菜」，一名水葵，又名鳧葵。其莖葉有黏液，可作羹，味鮮美。「鱸魚」，魚之一種，體側扁，巨口，肉精美。二物皆江南特產之名貴食品。宋文同送潘司理秘校詩：「鄉人覓次來相賀，蓴菜鱸魚正軟肥。」亦作「鱸魚蓴菜」。唐白居易偶吟詩：「猶有鱸魚蓴菜興，來春或擬往江東。」「奇」，元刊本朝野新聲太平樂府作「部」，雍熙樂府作「尚」，茲從瞿氏鐵琴銅劍樓藏明刊本太平樂府。

〔一七〕「黑河」，水名。有二：其一位於今內蒙古呼和浩特市東南，亦稱金河；其二即今甘肅甘州河，亦稱黑水。「東吳」，指三國時之吳地，因地處江東而得名。晉書食貨志：「東吳有齒角之饒，西蜀有丹沙之富。」唐杜甫絕句四首之三：「窗含西嶺千秋雪，門泊東吳萬里船。」黑河、東吳，泛指塞北江南也。

〔一八〕「物離鄉貴」，元王惲番禺杖詩：「物眇離鄉貴，材稀審實訛。」「崢嶸」，超乎尋常也。唐杜荀鶴送李鐔遊新安詩：「邯鄲李鐔才崢嶸，酒狂詩逸難干名。」宋秦觀阮郎歸詞：「鄉夢斷，旅魂孤，崢嶸歲又除。」

〔一九〕「着」，元刊本朝野新聲太平樂府作「有」，茲從瞿氏藏本太平樂府及雍熙樂府。

〔二〇〕「化做」，元刊本朝野新聲太平樂府作「化作做」，茲從雍熙樂府。

〔二一〕「杖」，雍熙樂府作「枝」。

〔二二〕「火者」，宦者也。元張昱宮中詞之十八：「近前火者催何急，惟恐君王怪到遲。」「高戲」，即社戲、社火，節日迎神賽社所扮演之雜戲、雜耍。「賃」，元刊本朝野新聲太平樂府及雍熙樂府俱作「任」，茲從瞿氏藏明刊本太平樂府。「呈」，雍熙樂府作「乘」。

〔二三〕「子弟」，宋元間稱嫖客為子弟。元關漢卿金線池雜劇：「我這門户人家，巴不得接著子弟，就是錢龍入門。」此指風流少年。「社直」，即社頭、社司，迎神賽社之領頭者。

〔二四〕「窮養」，同「窮暴」、「窮薄」，宋元習語，意謂貧困也。元關漢卿緋衣夢雜劇：「休將人取次看，今日箇窮暴了也是無奈間。」「巴避」，宋元習語，猶言來由、辦法。金董解元西廂記三：「一刻兒没巴避抵一夏。」元杜善夫喻情套：「閒槽坊裏趓酒無巴避。」「避」，雍熙樂府作「壁」。

〔二五〕「準折」，宋元習語，意謂抵算、折算。元賈仲明對玉梳雜劇：「你娘使過我偌多銀兩，準折了兩家罷。」亦作「準贖」。

〔二六〕「打摸」，拾掇、安排。引申為準備。

〔二七〕「絟搊」，同「拴束」、「拴搐」，扎縛也。筆，指羊毫筆。唐段公路北户録鷄毛筆：「番禺諸郡多以青羊毫為筆，韶州擇鷄毛為筆。」

〔二八〕「生撏」，硬拔。「生」，強、硬。唐韓愈李花詩：「東風來吹不解顔，蒼茫夜氣生相遮。」「撏」，拔除。唐賈島原居即事言懷贈孫員外詩：「鑷撏白髮斷，兵阻尺書傳。」「毛裔」，即「毛衣」，本指鳥類之羽毛。漢蘇武朱鷺詩：「金堤曬羽翮，丹水浴毛衣。」唐韓偓鵲詩：「偏承雨露潤毛衣，黑白分明衆所知。」此指羊毛。「裔」，雍熙樂府作「衣」。

〔二九〕「監兒」，當指皮肉。「礓皮」，砲製光滑之皮張。

〔三〇〕「火裏赤」，蒙古語廚師之音譯。亦作「保兀赤」。明火源潔華夷譯語：「廚子：保兀赤。」

〔三一〕「忙古歹」，同「莽古歹」，蒙古語小廝之音譯。元關漢卿哭存孝雜劇：「劉夫人云：『小番，阿媽那裏有兩箇逆賊麼？』莽古歹云：『是那兩箇？』」

〔三二〕「鴻門會」，楚漢相爭時，沛公既定關中，使人守函谷關無内他人。及項羽定河北，率兵至關而不得入。攻破之，進次新豐鴻門（今陝西臨潼縣東），將擊沛公。公聞言前往謝罪，羽留宴。亞父范增陰使項莊於席間舞劍，伺隙擊殺沛公於座，因項伯、樊噲等救護，沛公方得幸免。後世稱為鴻門宴。此喻身處必死之絶境。

〔三三〕「彫」，斬取也。元關漢卿望江亭雜劇：「差人去彫了白士中首級。」

〔三四〕「圖」，雍熙樂府作「圖」。

〔三五〕「凌遲」，古之極刑。始於五代，盛於宋。宋史刑法志：「凌遲者先斷其支體，乃抉其吭，當時之刑法也。」通考刑製考：「凌遲之法，昭、陵以前，雖兇強殺人之盜，亦未嘗輕用；熙、豐間昭獄繁興，口語狂悖者，皆遭此刑。」

「遲」，元刊本朝野新聲太平樂府作「持」，茲從瞿氏藏明刊本太平樂府及雍熙樂府。

〔三六〕「刺搭」，同「搭刺」，宋元習語，即耷拉、下垂。元喬吉兩世姻緣雜劇：「便似那披荷葉，搭刺着箇褐袖肩。」

〔三七〕「我便似」句，「蝙蝠」，動物名，體形似鼠，晝伏夜行。其臀部無毛，前後肢及尾部均長膜，呈翅狀。「精精地」，猶言光光的、精光的。此句雍熙樂府作「我渾身恰便似簷蝙蝠模樣精精的」。

〔三八〕「的」，雍熙樂府作「那」。

村居〔一〕

套數

人性善皆由天命〔二〕，氣清濁列等為賢聖〔三〕。萬物内最為靈〔四〕，又幸為男子峥嶸〔五〕。要自省〔六〕，妍媸貴賤〔七〕，壽夭窮通〔八〕，這幾事皆前定。使不着吾強我性〔九〕，嘆時乖運拙〔一〇〕，隨坎止流行〔一一〕。既知鍾鼎果無緣〔一二〕，好向林泉且埋名〔一三〕。除去浮花〔一四〕，修養殘軀，安排暮景〔一五〕。

〔么〕量力經營〔一六〕，數間茅屋臨人境，車馬少得安寧〔一七〕，有書堂藥室茶亭。甚齊整，魚池内菱芡〔一八〕，溪岸上鷄鵝，壯觀我乘高興。繅車響蟬聲相應〔一九〕，妻蠶女繭，婢織奴耕。隴頭殘月荷鋤歌〔二〇〕，牛背夕陽短笛横〔二一〕，聽農家野調山聲〔二二〕。

〔耍孩兒〕雖然蔬圃衡畦徑〔二三〕，攙造化奪時發生〔二四〕，也和治世一般平〔二五〕，桔槔便當權衡〔二六〕。隄防着雨澇開溝洫〔二七〕，準備着天晴澮水坑〔二八〕，栽排定〔二九〕。生涯要久遠，養子望聰明〔三〇〕。

〔么〕把閑花野草都鋤淨，尚又怕稊稗交生〔三一〕，桑榆高接暮雲平〔三二〕，筍黄菜緑瓜青。葫蘆花發香風細，楊柳陰濃暑氣清。開心鏡〔三三〕，静觀消長，閑考虧盈〔三四〕。

〔五煞〕菜老便枯，菜嫩便榮〔三五〕。榮枯消長教人為證〔三六〕，菜因澆灌多榮旺，人為功名苦戰爭。徒然競，百年身世，數度陰晴。

〔四〕興來畫片山，閑來看卷經。推敲訪友鍼詩病〔三七〕，消磨世態杯中酒，聚散人情水上萍。心方定〔三八〕，但緣有酒〔三九〕，與世忘形。

〔三〕無愁心自安，高眠夢不驚。不乏衣食為僥倖，身閑才見公途險，累少方知擔子輕。成家慶，頑童引前，稚子隨行。

〔二〕樵夫叉了柴〔四〇〕，漁翁扳了罾〔四一〕。故來下訪相欽敬〔四二〕，盤中熟筍和生菜，甕裏新醅潑醅清〔四三〕。行歪令，飲竭正盞，斟滿罰觥。

〔尾〕漁説他強，樵説他能，我攢頦抱膝可寧聽〔四四〕，閑看會漁樵壯廝挺〔四五〕。

【校注】

〔一〕村居套曲，録自元楊朝英輯朝野新聲太平樂府卷九。雍熙樂府卷七録此套曲，不注撰人。

〔二〕「性善」，戰國時孟子認為，有生之初，人之本性是善良的。荀子則主張人性本惡，須以禮義刑罰治之，方可改惡從善。孟子滕文公上：「孟子道性善，言必稱堯舜。」注：「孟子與世子言，人生皆有性善，但當充而用之耳。」孟子告子上：「人性之善也，猶水之就下也。人無有不善，水無有不下。」「天命」，自然之稟賦與本性。禮記中庸：「天命之謂性，率性之謂道，修道之謂教。」

〔三〕「氣」，質性、氣質，即表現於外之精神。列子湯問：「汝志彊而氣弱。」「清濁」，清澈與混濁。本指水，後喻事物優劣高下之分別。後漢書文苑傳酈炎詩：「賢愚豈常類，稟性在清濁。」

〔四〕「萬物」句，指人。人居宇宙萬物之中，具有良知與理性，故用萬物之靈以稱人。尚書泰誓上：「惟天地萬物父母，惟人萬物之靈。」傳：「靈，神也。天地所生，惟人為貴。」

〔五〕「峥」，元刊本朝野新聲太平樂府作「浄」，茲從瞿氏藏明刊本太平樂府及雍熙樂府。

〔六〕「自省」，省察自己。論語里仁：「見賢思齊焉，見不賢而內自省也。」荀子修身：「見不善，愀然必以自省也。」

〔七〕「妍媸」，美醜。抱樸子文行：「若夫翰迹韻略之廣逼，屬辭比美之妍媸。」亦作「妍蚩」。

〔八〕「壽夭」，長壽與短命。莊子應帝王：「鄭有神巫曰季咸，知人之死生存亡、禍福壽夭，期以歲月旬日，若神。」列子力命：「壽夭、窮達，貴賤、貧富，我力之所能也。」「窮通」，窮困與顯達。莊子讓王：「古之得道者，窮亦樂，通亦樂，所樂非窮通也。」晉陶淵明歲暮和張常侍詩：「窮通靡攸慮，顦顇由化遷。」

〔九〕「着」，雍熙樂府作「得」。

〔一〇〕「時運」，當時之氣數、命運。後漢書荀彧傳：「方時運之屯邅，非雄才無以濟其溺。」漢班彪北征賦：「諒時運之所為兮，永伊鬱其誰愬。」

〔一一〕「坎止流行」，即流行坎止。意謂順流而行，遇坎則止。喻進退順其自然也。漢書賈誼傳：「乘流則逝，得坎則止。」注：「孟康曰：『易「坎為險」，遇險則止也。』張晏曰：『謂夷易則仕，險難則隱也。』」宋黄庭堅贈李輔聖詩：「舊管新收幾粧鏡，流行坎止一虚舟。」

〔一二〕「鍾鼎」，原為鍾與鼎，古代視為重器，上多刻記事表功文字。墨子魯問：「以為銘於鍾鼎，傳遺後世子孫。」南朝梁劉孝標廣絶交論：「聖賢以此鏤金版而鐫盤盂，書玉牒而刻鍾鼎。」此喻功名富貴。

〔一三〕「林泉」，指隱居之所。梁書庾詵傳：「而性託夷簡，特愛林泉。」北史韋孝寬傳：「所居之宅，枕帶林泉。」

〔一四〕「浮花」，即浮華，指虚浮不實之名。

〔一五〕「暮景」，喻晚年境况。宋胡宿乞楊安國改官奏：「安國授經老臣，年近八十，桑榆暮景，光陰幾何？」

〔一六〕「經營」，籌劃營謀。詩經北山：「旅力方剛，經營四方。」戰國策楚策一：「夫以一詐僞反覆之蘇秦，而欲經營天下，混一諸侯，其不可成也亦明矣。」

〔一七〕「數間」二句，晉陶淵明飲酒詩之五：「結廬在人境，而無車馬喧。」此化用其意。「屋」，雍熙樂府作「居」。

〔一八〕「芡」，一年生水草，其果可食。

〔一九〕「繅車」，繅絲之具，因有輪旋轉以收絲，故曰車。宋蘇軾次韻正輔同遊白水山詩：「此身如線自縈繞，左回右轉隨繅車。」

〔二〇〕「隴頭」，田邊、埂頭。「隴」同「壟」，指田畝、田埂。「殘月荷鋤歌」，晉陶淵明歸園田居其三詩：「晨興理荒穢，戴月荷鋤歸。」此化用其意。

〔二一〕「夕陽短笛橫」，宋秦觀風流子詞：「斜日半山，暝煙兩岸，數聲橫笛，一葉扁舟。」

〔二二〕「野調山聲」，村野深山俚俗之曲調。唐陸龜蒙晚渡詩：「半波風雨半波晴，漁曲飄秋野調清。」「聽」，雍熙樂府作「吹」。

〔二三〕「蔬圃」，菜園。晉左思魏都賦：「右則蔬圃曲池，下畹高堂。」「衠」，宋元習語，儘也。宋秦觀品令詞：「衠倚賴臉兒得人惜，放軟頑，道不得。」

〔二四〕「攙」，趁着。「造化」，自然之創造化育。唐杜甫望嶽詩：「造化鍾神秀，陰陽割分曉。」

〔二五〕「也和」，太和正音譜作「也和那」。

〔二六〕「桔槹」，井上汲水之具。以繩懸橫木上，一端繫水桶，一端繫以重物，以省汲引之力。莊子天運：「且子獨不見夫桔槹者乎，引之則俯，舍之則仰。」疏：「桔槹，挈水木也。」「槹」，俗作「橰」。莊子天地：一丈人抱甕灌園，用力多而見功寡。子貢見之，曰：「鑿木為機，後重前輕，挈水若抽，數如泆湯，其名為橰。」丈人答曰：「有機械者必有機事，有機事者必有機心。機心存於胸中，則純白不備。純白不備，則神生不定。神生不定者，道之所不載也。」「權衡」，秤也。權，秤錘；衡，秤桿。禮記深衣：「下齊如權衡以應平。」莊子胠篋：「為之權衡以稱之，則並與權衡而竊之。」此句以抱甕丈人自居，表現出鄙棄官場弄機巧、鬬心智，隱居養拙之情趣。「權」，雍熙樂府作「拳」。

〔二七〕「溝洫」，田間水道之總稱。左傳昭公三二年：「度厚薄，仞溝洫。」論語泰伯：「卑宮室，而盡力乎溝洫。」

〔二八〕「澮」，田間排水之溝渠。尚書益稷：「濬畎澮。」孟子離婁下：「七八月之間雨集，溝澮皆盈。」此用如動詞，挖、開也。

〔二九〕「栽排」，宋元習語，安排也。元馬致遠青衫淚雜劇：「好教我出於無奈，潑前程只辦的好栽排。」元鄭廷玉金鳳釵雜劇：「我想那戳包兒賊漢，栽排下不義之財。」

〔三〇〕「望」，雍熙樂府作「要」。

〔三一〕「稊稗」，本為二種米粒細小、不堪食用之禾科植物。泛指田中雜草。莊子知北遊：「東郭子問於莊子曰：『所謂道，惡乎在？』……曰：『在稊稗。』」後魏賈思勰齊民要術：「五穀種之美者也，苟為不熟，不如稊稗。」

〔三二〕「桑榆」，日落之處。太平御覽天日：「淮南子曰：日西垂景在樹端，謂之桑榆。」注：「言其光在桑榆樹上。」南朝齊王融三月三日曲水詩序：「桑榆之陰不居，草露之滋方渥。」唐李善注：「桑榆，日所入也。」「高接」，雍熙樂府無「高」字，九宮大成南北詞宮譜作「相接」。

〔三三〕「心鏡」，佛家語。心可燭明萬象，猶如明鏡，故稱。圓覺經：「慧目肅静，照曜心鏡。」晉書王湛傳論：「混暗識於心鏡，開險路於情田。」

〔三四〕「虧盈」，減損盈滿，與消長意同，謂變化也。易經謙象：「天道虧盈而益謙，地道變盈而流謙。」

〔三五〕「便枯」、「便榮」，九宮大成南北詞宮譜均無「便」字。

〔三六〕「教人」，九宮大成南北詞宮譜無「教」字。

〔三七〕「推敲」，唐劉餗隋唐嘉話：「賈島初赴舉京師，一日於馬上得句云：『鳥宿池中樹，僧敲月下門。』初欲作『推』字，練之未定，不覺衝尹。時韓吏部權京尹，左右擁至前，島具告所以，韓立馬良久，曰：『作敲字佳矣。』」「詩病」，作詩之癖好。唐裴説寄曹松詩：「鬢絲猶可染，詩病却難醫。」宋蘇軾子玉家宴用前韻見寄復答之詩：「詩病逢春轉深痼，愁魔得酒暫奔忙。」

〔三八〕「方」，太和正音譜作「安」。

〔三九〕「緣」，雍熙樂府作「須」。「有酒」，太和正音譜作「一醉」。

〔四〇〕「叉」，雍熙樂府、九宮大成南北詞宮譜俱作「束」。

〔四一〕「罾」，魚網。説文：「罾，魚網也。」

〔四二〕「下訪相」，雍熙樂府、九宮大成南北詞宮譜俱作「訪記咸」。

〔四三〕「酟」，和也。晉張協七命：「燀以秋橙，酟以春梅。」

〔四四〕「膝」，元刊本朝野新聲太平樂府此字空格，兹從雍熙樂府。「可寧」，雍熙樂府、九宮大成南北詞宮譜作「寧可」。

〔四五〕「廝挺」，宋元習語，意謂爭辯、擡杠。元高明琵琶記南戲：「他原來要奏丹墀，敢和我廝挺相持。」

〔商調〕集賢賓

宮詞〔一〕

悶登樓倚闌干看暮景〔二〕，天闊水雲平。浸池面樓臺倒影，書雲箋雁字斜橫〔三〕。衰柳拂月户雲窗，殘荷臨水閣涼亭。景淒涼助人愁越逞〔四〕，下粧樓步月空庭。鳥驚環珮響〔五〕，鶴吹鐸鈴鳴〔六〕。

〔逍遥樂〕對景如青鸞舞鏡〔七〕，天隔羊車〔八〕，人因鳳城〔九〕。好姻緣辜負了今生〔一〇〕，痛傷悲雨泪如傾〔一一〕，心如醉滿懷何日醒〔一二〕。西風傳玉漏丁寧〔一三〕，恰過半夜，勝似三秋〔一四〕，才交四更。

〔金菊香〕秋蟲夜雨不堪聽〔一五〕，啼樹宫鴉不住聲。入孤幃强眠尋夢境，被相思鬼綽了魂靈〔一六〕。縱有夢也難成。

〔醋葫蘆〕〔一七〕睡不着，坐不寧，又不疼不痛病縈縈。待不思量霎兒心未肯〔一八〕，没亂到更闌人静〔一九〕。

〔高平煞〕照愁人殘蠟碧熒熒〔二〇〕，沉水煙消金獸鼎〔二一〕。敗葉走庭除〔二二〕，修竹掃蒼楹〔二三〕，唱道是人和悶可難爭〔二四〕，則我瘦身軀怎敢共愁腸競〔二五〕。傷心情脈脈〔二六〕，病體困騰騰〔二七〕。畫屋風輕〔二八〕，翠被寒增〔二九〕，也温不過早來襪兒冷〔三〇〕。

〔尾〕睡魔盼不來〔三一〕，丫環叫不應。香消燭滅冷清清，唯嫦娥與人無世情〔三二〕。可憐咱孤另〔三三〕，透疎簾斜照月偏明〔三四〕。

【校注】

〔一〕宫詞套曲，録自元楊朝英輯朝野新聲太平樂府卷七。唐王建以宫廷生活為題材，作詩百首，始以「宫詞」為題，後或詩或曲，曆代繼之者甚多。

〔二〕「闌干」，同「欄杆」。唐李白清平調詞三首之三：「解釋春風無限恨，沉香亭北倚闌干。」唐白居易香山避暑詩：「夜深起憑闌干立，滿耳潺湲滿面涼。」

〔三〕「雲箋」，形如書箋之雲，即書雲、書篆也。「雁字」，雁飛行時所排成之行列。宋蘇軾虚飄飄詩：「蜃樓百尺横滄海，雁字一行書絳霄。」宋朱熹次韻擇之進賢道中漫成詩：「據鞍又向岡頭望，落日天風雁字斜。」

〔四〕「逞」，放縱，恣肆。左傳宣公六年：「今民餒而君逞欲。」

〔五〕「環珮」，同「環佩」，佩玉也。史記孔子世家：「夫人自帷中再拜，環珮玉聲璆然。」唐杜牧華清宫三十韻詩：「神仙高縹緲，環珮碎丁當。」

〔六〕「鐸鈴」，檐下之風鈴。説文：「鐸，大鈴也。」

〔七〕「青鸞舞鏡」，此句明陳所聞北宫詞紀、九宫大成南北詞宫譜俱作「塵蒙鸞鏡」。

〔八〕「羊車」，古代宫廷中所乘小車。「羊」，通祥，吉祥也。周禮考工記車人：「羊車二柯，有參分柯之一。」隋書禮儀志五：「羊車，一名輦，其上如軺，小兒衣青布袴褶，五辮髻，數人引之，時名羊車小史。」

〔九〕「鳳城」，漢劉向列僊傳：「蕭史者，秦穆公時人也。善吹簫，能致孔雀、白鶴於庭。穆公有女字弄玉好之，公遂以女妻焉。日教弄玉作鳳鳴，居數年吹似鳳聲，鳳凰來止其屋。」弄玉吹簫引鳳，鳳凰降於京都，後因稱京都為鳳城。唐杜甫夜詩：「步蟾倚仗看牛斗，銀漢遥應接鳳城。」宋蔡夢弼注：「鳳城，言長安也。」

〔一〇〕「辜負了」，北宫詞紀、九宫大成南北詞宫譜俱無「了」字。

〔一一〕「雨泪如」，北宮詞紀、九宮大成南北詞宮譜俱作「泪雨常」。

〔一二〕「心如醉滿懷」，北宮詞紀、九宮大成南北詞宮譜俱作「似醉如癡」。

〔一三〕「玉漏」，玉飾之計時器。唐宗楚客正月晦日侍宴滻水應製賦得長字詩：「珠胎隨月減，玉漏與年長。」唐蘇味道正月十五日詩：「金吾不禁夜，玉漏莫相催。」「丁寧」，漏聲也。

〔一四〕「三秋」，三年也。泛言時間之長。詩經采葛：「一日不見，如三秋兮。」

〔一五〕「秋蟲」，秋夜鳴叫之蟲。南朝梁江淹青苔賦：「春禽悲兮蘭莖紫，秋蟲吟兮蕙實黃。」唐杜甫除架詩：「秋蟲聲不去，暮雀意如何？」

〔一六〕「綽」，捉拿、攝取。元康進之李逵負荆雜劇：「綽起俺兩把板斧來，砍折你那蟠根酸棗樹。」「靈」，元刊本朝野新聲太平樂府作「陵」。兹從瞿氏藏明刊本太平樂府及北宮詞紀。

〔一七〕北宮詞紀闕此曲。

〔一八〕「兒」，北宮廣正譜作「時」。

〔一九〕「没亂」，宋元習語，意謂心緒繚亂、着急。金董解元西廂記三：「空没亂，愁把眉峰暗結。」元關漢卿拜月亭雜劇：「阿者你這般没亂慌張到得那裏！」

〔二〇〕「熒熒」，微光閃爍貌。晉潘岳悼亡賦：「入空室兮望靈座，帷飄飄兮燈熒熒。」唐許渾下第貽友人詩：「身在關西家洞庭，夜寒歌苦燭熒熒。」此句明大字寫本朝野新聲太平樂府、北詞廣正譜俱屬〔醋葫蘆〕曲末句。

〔二一〕「沉水」，沉香之别名。薰香料也。其膏脂凝結為塊，入水則沉，故名。唐許渾夏日戲題郭别駕東堂詩：「散香蘄簟滑，沈水越瓶寒。」宋胡宿侯家詩：「彩雲按曲青岑醴，沈水薰衣白璧堂。」「沈」，俗作沉。「金獸鼎」，獸形銅香爐，以其三足似鼎，故稱。宋李清照醉花陰九日詞：「薄霧濃雲愁永晝，瑞腦消金獸。」「煙」，太和正音譜、北宮詞紀、九宮大成南北詞宮譜俱作「香。」

〔二二〕「庭除」，庭院臺階。「除」，階也。晉曹攄思友人詩：「密雲翳陽景，霖潦淹庭除。」唐李咸用分題雪霽望爐峯詩：「雪霽上庭除，爐峯勢轉孤。」

〔二三〕「修竹」，長竹也。晉王羲之蘭亭集序文：「此地有崇山峻嶺，茂林修竹。」「楹」，堂前柱也。「莟」，瞿氏藏明刊本朝野新聲太平樂府、太和正音譜、北宮詞紀、北詞廣正譜俱作「簷」。

〔二四〕「唱道」，宋元習語，意謂真是、正是。元蒲察善長新水令套：「唱道性命也似看承，心脾般欽敬。」亦作「暢道」。「唱道是」，太和正音譜、九宮大成南北詞宮譜俱無「是」字。

〔二五〕「競」，強拗也。左傳宣公元年：「驟諫而不入，故不競於楚。」「則我」，北詞廣正譜作「則我這」；太和正音譜、九宮大成南北詞宮譜俱無此二字。

〔二六〕「脈脈」，同「脈脈」，含情不語貌。南朝梁蕭綱對燭賦：「迴照金屏裏，脈脈兩相看。」「情」，太和正音譜、北宮詞紀、九宮大成南北詞宮譜俱作「愁」。

〔二七〕「騰騰」，懶散貌。宋歐陽修燕歸梁詞：「屏裏金爐帳外燈，掩春睡騰騰。」

〔二八〕「畫屋」，即「畫堂」，指有畫飾之廳堂。南朝梁蕭綱餞廬陵内史王脩應令詩：「迴池瀉飛棟，濃雲垂畫堂。」唐崔顥王家少婦詩：「十五嫁王昌，盈盈入畫堂。」「屋」，太和正音譜、北宮詞紀俱作「堂」。

〔二九〕「翠被」，飾以翠羽之外氅。「被」，通「帔」。左傳昭公十二年：「翠被豹舄，執鞭以出。」晉杜預注：「以翠羽飾被，以豹皮為履。」東漢張衡西京賦：「大駕幸乎平樂，張甲乙而襲翠被。」「翠」，元刊本朝野新聲太平樂府作「翏」，茲從清何夢華鈔本太平樂府、北宮詞紀。

〔三〇〕「襪」，北宮詞紀作「被」。「來」，瞿氏藏明刊本太平樂府作「起」。

〔三一〕「睡魔」，人困疲乏而昏昏欲睡，似受魔力催迫，故稱。宋李覯答丘寺丞示月蝕詩：「一夜吟公月蝕詩，睡魔驚走醉魂飛。」宋蘇軾贈包安静先生茶二首之二：「奉贈包居士，僧房戰睡魔。」

〔三二〕「嫦娥」，月神名。本作「姮娥」、「恒娥」。漢代因諱文帝（劉恒），改作「常娥」、「嫦娥」。為羿之妻。淮南子。冥覽訓：「羿請不死之藥於西王母，姮娥竊以奔月。」漢高誘注：「姮娥，羿妻……奔入月中為月精。」「嫦」，瞿氏藏明刊本、明大字寫本朝野新聲太平樂府俱作「姮」。

〔三三〕「孤另」，孤單、孤獨。元王實甫西廂記雜劇：「天生聰俊，打扮素淨，奈夜夜成孤另。」

〔三四〕「疎簾」，明大字寫本朝野新聲太平樂府無「疎」字。

〔越調〕鬬鵪鶉

風情〔一〕

連夜銀蟾〔二〕，逐朝媚臉〔三〕，休再情添〔四〕，淹漸病染〔五〕，殢雨初霑，尤雲乍歛〔六〕。他不嫌，俺正忺〔七〕，不顧傷廉〔八〕，何曾記點〔九〕。

〔紫花兒〕雙歌月枕〔一〇〕，攜手虛簷，傅粉粧奩〔一一〕。歡娛忒釅〔一二〕，收管特嚴〔一三〕。如鰜〔一四〕，如鰜，載何曾有半句兒諂〔一五〕。無一星所欠〔一六〕，浪静風恬，落花泥粘〔一七〕。

〔么〕無嫌〔一八〕，大排場俺占〔一九〕，喬風月咱兼。閑是非人呫〔二〇〕，強做科撒坫〔二一〕。硬熱戀白沾，相簽〔二二〕，掄的柄銅鍬分外裹險。撅坑撅壍〔二三〕，潘岳花㝵〔二四〕，韓壽香苦〔二五〕。

〔小桃紅〕小姨夫統鏝緊沾粘〔二六〕，新人物寃家忺。早起無錢晚夕厭，怎拘鈐，蘇卿不嫁窮雙漸。敗旗兒莫颭，俏憨兒絶念〔二七〕，魚雁各伏潛。

〔尾〕〔二八〕假真誠好話兒親曾驗，鼻凹裏沙糖怎餂〔二九〕。貪顧戀眼前甜〔三〇〕，不隄防背後閃〔三一〕。

【校注】

〔一〕風情套曲，録自元楊朝英輯朝野新聲太平樂府卷七。雍熙樂府卷一三録此套曲，不注撰人。

〔二〕「銀蟾」，古代神話稱月中有蟾，後因稱月亮為銀蟾。唐白居易中秋月詩：「照他幾許人腸斷，玉兔銀蟾遠不知。」唐李中思朐陽春遊感舊寄柴司徒詩：「紅袖歌長金斝亂，銀蟾飛出海東頭。」

〔三〕「逐」，元刊本朝野新聲太平樂府作「遂」，茲從瞿氏藏明刊本、清何夢華鈔本太平樂府。

〔四〕「休再」，元刊本朝野新聲太平樂府作「體再」，九宮大成南北詞宮譜作「體藞」，茲從瞿本、何鈔本太平樂府。

〔五〕「淹漸病」，纏綿小病。同「漸潛病」。元尚仲賢三奪槊雜劇：「這些淹潛病，都是俺業上遭。」

〔六〕「殢雨」二句，見本書第一〇九頁〔南吕・一枝花〕買笑注〔九〕。「殢」，纏綿；「尤」，格外。宋柳永浪淘沙慢詞：「殢雨尤雲，有萬般千種相憐惜。」「雵」，潤澤。

〔七〕「忺」，適意。正韻：「忺，意所欲也。」

〔八〕傷廉，損害廉德。孟子離婁下：「可以取，可以無取，取傷廉。」晉陸機文賦：「苟傷廉而愆意，亦雖愛而必捐。」此指損害廉恥。顧，元刊本朝野新聲太平樂府作「雇」，茲從雍熙樂府、九宮大成南北詞宮譜。

〔九〕點，羞辱。意通「玷」。漢司馬遷報任安書：「終不可以為榮，適足以見笑而自點耳。」

〔一〇〕歌，明大字寫本、清何夢華鈔本朝野新聲太平樂府、雍熙樂府、九宮大成南北詞宮譜俱作「歆」。

〔一一〕粧奩，女子梳妝之鏡匣。北朝庾信鏡賦：「暫設妝奩，還抽鏡屜。」唐韓愈大行皇太后挽歌：「只有朝陵日，妝奩一暫開。」妝，俗作「粧」。此指梳妝打扮。

〔一二〕醲，濃厚。宋蘇軾謝關景仁送紅梅栽二首之二：「酸醲不堪調衆口，使君風味好攢眉。」

〔一三〕特，雍熙樂府、北詞廣正譜俱作「忒」。

〔一四〕鰜，即比目魚。亦稱鰈。舊為此魚一目，須兩兩相並，方可行遊。喻男女相憓，形影不離。如鰜如鰜，雍熙樂府、九宮大成南北詞宮譜俱作「如鮯如鶼」。

〔一五〕載，通「再」。載何，雍熙樂府、九宮大成南北詞宮譜俱作「再合」。

〔一六〕所，雍熙樂府、九宮大成南北詞宮譜俱作「兒」。

〔一七〕粘，雍熙樂府、九宮大成南北詞宮譜俱作「沾」。

〔一八〕嫌，猜忌、疑惑。説文：「嫌，……一曰疑也。」禮記坊記：「使民無嫌。」

〔一九〕「排場」，原指戲場舞臺、劇中情節或登場表演，此指風月場。「排」，元刊本朝野新聲太平樂府、雍熙樂府俱作「俳」，茲從北詞廣正譜。

〔二〇〕咕，議論、評説。宋元戲文輯佚韓翃章臺柳：「愁腸怕人閑語咕，鎮日無言口似鉗。」

〔二一〕「做科撒坫」，意謂故做扭怩，要潑撒嬌。「科」，指相狎之動作。「撒坫」，宋元習語，撒嬌也。

〔二二二〕「相簽」，相親而無隙。「簽」，插也。通「扦」。元王實甫西廂記雜劇：「酒席上斜簽着坐地，蹙愁眉死臨浸地。」

〔二二三〕「塹」，元刊本、瞿氏藏明刊本朝野新聲太平樂府俱作「軭」，明大字寫本太平樂府作「棧」，茲從雍熙樂府、北詞廣正譜及九宮大成南北詞宮譜。

〔二二四〕「潘岳花撏」，意謂如潘岳般惹柳招花。潘岳，西晉中牟人，字安仁。官至給事黄門侍郎。工詩賦，擅哀誄，所作悼亡詩尤著名。晉書潘岳傳：「岳美姿儀……少時常挾彈出洛陽道，婦人遇之者，皆連手縈繞，投之以果，遂滿車而歸。」「撏」，摘取也。方言一：「撏，取也。」

〔二二五〕「苫」，宋元習語，意謂勾搭。元無名氏百花亭雜劇：「我苦着箇科子，喚做白捉鬼。」

〔二二六〕「姨夫」，兩男共狎一妓，則互稱姨夫。宋周密癸辛雜識續集：「北人以兩男共狎一妓，則呼為姨夫。」元關漢卿魯齋郎雜劇：「我是你姐夫，倒做了姨父。」「統鏝」，宋元習語，意謂廣有錢財。「鏝」，銅錢背面之字幕，宋元間以為錢之代稱。元關漢卿金線池雜劇：「前門裏統鏝客，後門裏一箇使錢勤。」元石君寶曲江池雜劇：「如今那統鏝的郎漢又村，謁漿的崔護又蹇。」「沾粘」，宋元習語，意謂沾惹、相粘。元王伯成貶夜郎雜劇：「沾粘着不摘離，廝胡突不伶俐。」

〔二二七〕「勳兒」，宋元間稱嫖客、浪子為勳兒。元石君寶紫雲庭雜劇：「看怎結末那喫勳兒的老業魔。」按：明徐渭南詞敘録曰：「勳兒，言其勳於悦色，不憚煩也。」亦作「勳」。

〔二二八〕〔尾〕，元刊本朝野新聲太平樂府誤作「么」。

〔二二九〕「鼻凹裏沙糖」，宋元習語，意謂使人垂涎而不能到手，喻可望而不可即之事。元關漢卿救風塵雜劇：「將他鼻凹兒上抹一塊沙糖，着那廝舔又舔不着，吃又吃不着。」餂，同「舔」。「怎餂」，雍熙樂府作「怎去餂」。

〔三〇〕「戀」，雍熙樂府作「戀着」。

〔三一〕「閃」，宋元習語，抛撇也。元馬致遠青衫淚雜劇：「今相公遠行，兀的不閃殺人也。」「背」，雍熙樂府作「那背」。

〔雙調〕行香子

嘆　世〔一〕

名利相籤〔二〕，禍福相兼〔三〕，使得人白髮蒼髯。殘花雨過，落絮泥沾。似夢中身〔四〕，石中火〔五〕，水中鹽〔六〕。

〔么〕跳下竿尖〔七〕，擺脱鈎鉗〔八〕，樂天真休問人嫌〔九〕。顧前盼後，識恥知廉。是漢張良〔一〇〕，越范蠡〔一一〕，晉陶潛〔一二〕。

〔喬木查〕儘秋霜鬢染〔一三〕，老去紅塵厭〔一四〕，名利為心無半點。莊周蝶夢甜〔一五〕，疏散威嚴。

〔攪箏琶〕君休欠〔一六〕，何故苦厭厭〔一七〕。月滿還虧，杯盈自灔〔一八〕。榮貴路景稠粘〔一九〕，沾惹情忺，把穿，絶業貫休再添〔二〇〕。徒爾趨炎。

〔撥不斷〕棄雕簷〔二一〕，隱閭閻〔二二〕。灰心打滅燒身焰〔二三〕，袖手擘開鎖頂鉗，柔舌砍鈍吹毛劍〔二四〕，舊由絶念。〔離亭宴帶歇指煞〕無錢粧富剛為僭〔二五〕，有財合散休從儉，狂夫不厭〔二六〕。為口腹遥天外置網羅，貪賄賂滿肚裏生荆棘，爭人我平地上撅坑塹〔二七〕。六印多你尚貪〔二八〕，一瓢足咱無欠〔二九〕，君子退謙，把兩字利名勾，向百歲光陰裏，將一味清閑占。供庖廚野虀香，忘寵辱村醪釅。無客至柴荆晝掩，臥松菊北窗涼，趓風波世途險。

【校注】

〔一〕嘆世套曲，録自元楊朝英輯朝野新聲太平樂府卷六。

〔二〕「相籤」，相交織。「籤」，穿也。

〔三〕「禍福相兼」，禍與福相依相因。老子五八：「禍兮，福之所倚，福兮，禍之所伏。」

〔四〕「夢中身」，唐李公佐南柯太守傳載：淳於棼醉臥槐下，夢中極盡榮華富貴。後遂以之喻世事虛無，人生如夢。

〔五〕「石中火」，即石火，敲石塊發出之火花，以其一發即滅，故用以喻短暫。晉潘岳河陽縣作詩：「熲如槁石火，瞥若截道飈。」北齊劉晝劉子新論惜時：「人之短生，猶如石火。」

〔六〕「水中鹽」，鹽入水則溶化，故亦以之喻人生之短暫也。

〔七〕「跳下」句，「竿」，即百尺竿，喻權位之高。宋阮閱詩話總龜卷一三：「王文穆罷相帥，期士皆有詩，陳從易詩最佳，云：『百尺竿頭穩下來』。」跳下竿尖喻遠離權位利禄。此指下文之張良。

〔八〕「鈎鉗」，即拘箝，宋元習語，箝製、管束也。「擺脱鈎鉗」指下文之范蠡。

〔九〕「樂天真」句，天真，指人未受世俗影響之天然本性。莊子漁父：「真者，所以受於天也，自然不可易也。」指下文之陶潛。唐王維偶然作詩：「陶潛任天真，其性頗耽酒。」

〔一〇〕「張良」，漢韓人，字子房。其先五世相韓。秦滅韓，良結納刺客狙擊秦始皇不果，乃更姓名，亡下邳。秦末為劉邦謀士，佐其滅楚，漢朝定鼎後激流勇退。封留侯。晚年好黄老，學神仙之術。

〔一一〕「范蠡」，春秋楚人，字少伯。事越王句踐二十餘年，苦身戮力，卒滅吴國。尊為上將軍。後以句踐可與共患難，難與同安樂，乃棄官之齊，易名鴟夷子皮，治產業，遂成巨富。

〔一二〕「陶潛」，晉潯陽柴桑人，一名淵明，字元亮。大司馬侃曾孫。初為州祭酒、參軍等，後為彭澤令，因不願「為五斗米折腰」，旋棄官歸隱，自甘貧賤，以詩酒自娱。卒於元嘉元年。世稱靖節先生。

〔一三〕「霜鬢」，鬢白如霜。唐高適夕夜作詩：「故鄉今夜思千里，霜鬢明朝又一年。」唐杜甫登高詩：「艱難苦恨繁霜鬢，潦倒新停濁酒杯。」

〔一四〕「紅塵」，佛、道稱俗世為紅塵。宋陸游鷓鴣天詞：「插腳紅塵已是顛，更求平地上青天。」

〔一五〕「莊周蝶夢」，莊子齊物論：「昔者莊周夢為胡蝶，栩栩然胡蝶也。自喻適志與！不知周也。俄然覺，則蘧蘧然周也。」

〔一六〕「欠」，宋元間稱癡呆、笨絀為欠。金董解元西廂記六：「君瑞真箇欠，我道你佯小心，妝大膽。」元李行甫灰闌記雜劇：「我這嘴臉實是欠，人人贊我能嬌艷。」

〔一七〕「厭厭」，衰頹不振貌。同「懨懨」、「奄奄」。南朝宋劉義慶世説新語品藻：「曹蜍、李志雖見在，厭厭如九泉下人。」

〔一八〕「灧」，滿溢貌。唐白居易對新家醖翫自種花詩：「玲瓏五六樹，瀲灧兩三盃。」

〔一九〕「貴」，太和正音譜、九宮大成南北詞宮譜俱作「華」。

〔二〇〕「業貫」，壞事、惡事。「業」，意同「孽」。元劉時中四塊玉曲：「業貫盈，橫禍滿，無處閃。」

〔二一〕「雕簷」，雕飾屋檐。喻富貴榮華之所。

〔二二〕「閭閻」，里巷之門。泛指民間。史記蘇秦列傳太史公曰：「夫蘇秦起閭閻，連六國從親，此其智有過人者。」漢書異姓諸侯王表：「適戍彊於五伯，閭閻偪於戎狄。」注：「閭，里門也；閻，里中門也。陳勝吳廣本起閭左之戍，故總言閭閻。」

〔二三〕「灰」，瞿氏藏明刊本朝野新聲太平樂府作「放」。

〔二四〕「吹毛劍」，鋒利之劍。其刃毛髮吹而可斷，故稱。碧巖録巴陵吹毛劍：「吹毛劍則是快劍，刃上吹毛試之，其毛自斷，乃利劍，謂之吹毛。」「燒身焰」、「鎖頂鉗」、「吹毛劍」皆喻險惡世途。

〔二五〕「僭」，超越身份尚過分。詩經殷武：「不僭不濫。」

〔二六〕「狂夫」，狂妄無知、欲壑難填之人。漢書鼂錯傳：「書言『狂夫之言，而明主擇焉。』」

〔二七〕「上」，元刊本朝野新聲太平樂府作「土」，茲從雍熙樂府。

〔二八〕「六印」，指六國之相印。戰國時蘇秦倡合從之説，聯合六國以抗秦，為合從長，並受六國相印。史記蘇秦列傳：「於是六國從合而並力焉。蘇秦為從約長，並相六國。」

〔二九〕「一瓢足」，論語雍也：「子曰：『賢哉，回也！一簞食，一瓢飲，在陋巷，人不堪其憂，回也不改其樂。」

〔雙調〕蝶戀花

閨　怨〔一〕

夜月樓頭横玉管〔二〕，霧帳雲屏〔三〕，常恨春宵短。別後身屬新恨管〔四〕，泥金翠袖啼痕滿〔五〕。

〔喬牌兒〕舊衣服陡恁寬，好茶飯減多半。添鹽添醋人攛斷〔六〕，剛捱了少半椀。

〔神曲纏〕似這般，我怎謾〔七〕。招處女鄰姬相玩〔八〕，雲堆髻盤，釵横鳳冠〔九〕，這憔悴除他來緩〔一〇〕。我怎觀〔一一〕，憔爨，殘荷颭荒涼池畔〔一二〕，衰柳拂斜陽樓觀。秋草比人情一般，粧點就閑愁一段。

〔麽〕悶如何，倒斷〔一三〕，音塵杳歸期難算〔一四〕。斷久戀花衢妓館〔一五〕，想難忘嬌艷濃歡。恨題遍班姬素紈〔一六〕，筆書乏蒙氏毫端〔一七〕。鸞腸斷〔一八〕，翠槃。恨無箇地縫鑽，一會没亂〔一九〕，一會心酸，都撮來眉上攢〔二〇〕。無甚病疸〔二一〕，釧鬆冰腕〔二二〕，腹中愁堆垛滿。

〔離亭帶歇指煞〕頓不開眉上連環貫〔二三〕，續不上腹内柔腸斷，悽惶業債〔二四〕，風流墉魂夢中少團圓，淹漸病晝夜家廝纏繳〔二五〕，相思鬼行坐裏常陪伴。暮寒生燈漸昏，微雨歇雲初判，添愁釁端〔二六〕，風引漏聲來，月移花影去，物感愁心亂。强解開悶套頭〔二七〕，硬剁斷愁羈絆，先撇掠淒涼兩般，懷抱的枕兒温，香薰的被兒暖。

【校注】

〔一〕閨怨套曲，録自元楊朝英輯朝野新聲太平樂府卷六。

〔二〕「玉管」，同「玉琯」。玉製之律管。晉葛洪西京雜記三：「玉管，長二尺三寸，二十六孔。吹之則見車馬山林隱轔相次，吹息亦不復見。」又，晉書律曆志上：「黄帝作律，以玉為管，長尺，六孔，為十二月音。」

〔三〕「雲屏」，繪有雲形圖案之屏風。晉張協七命：「雲屏爛汗，瓊壁青葱。」唐劉長卿昭陽曲詩：「芙蓉帳小雲屏暗，楊柳風多水殿涼。」

〔四〕「恨管」，玉管之聲低沉，似怨似恨，故稱。「屬」，清何夢華鈔本朝野新聲太平樂府作「離」。

〔五〕「泥金」，顔料名。黄金箔與膠水製成之金色顔料。俗稱金屑。用於書畫箋紙之塗飾及器具雕刻之髹漆。唐盧言盧氏雜説：「唐進士及第，以泥金書帖附家中報登科之喜。」舊唐書禮儀志：「檢玉泥金，昇中告禪。」「翠袖」，青緑色之衣袖。唐杜甫佳人詩：「天寒翠袖薄，日暮倚脩竹。」

〔六〕「攧斷」，宋元習語，意謂勸説、誘導。元關漢卿望江亭雜劇：「我我我，攧斷上了竿；你你你，掇梯兒着眼看。」亦作「攧掇」。

〔七〕「謾」，瞞也。元關漢卿拜月亭雜劇：「且着這脱身術，謾過這打家賊。」

〔八〕「處」，太和正音譜、九宫大成南北詞宫譜俱作「侍」。

〔九〕「鳳冠」，古代貴婦之一種禮冠，因冠上有鳳凰形佩飾而得名。

〔一〇〕「綏」，明大字寫本朝野新聲太平樂府作「莫綏」，九宮大成南北詞宮譜作「换」。

〔一一〕「覷」，九宮大成南北詞宮譜作「生」。

〔一二〕「颩」，太和正音譜作「飈」。

〔一三〕「倒斷」，宋元習語，意謂了結、了斷。宋吳潛柳梢青詞：「萬種思量，百年倒斷，付與殘霞。」元馬致遠任風子雜劇：「與我個倒斷，你休了我者。」

〔一四〕「音塵」，音信、消息。漢蔡琰胡笳十八拍之十：「故鄉隔兮音塵絶，哭無聲兮氣將咽。」南朝宋謝靈運鄰里相送方山詩：「各勉日新志，音塵慰寂寥。」

〔一五〕「斷」，極、煞也。唐元稹送友封詩：「心斷洛陽三兩處，窈娘堤抱古天津。」唐李商隱潭州詩：「目斷故園人不至，松醪一醉與誰同？」均念念不忘之義。斷久戀謂戀極或戀煞也。「花衢」，指妓院，亦作「花門」、「花街」。「斷」，太和正音譜、九宮大成南北詞宮譜俱作「許」；「衢」俱作「門」。

〔一六〕「班姬素紈」，「班姬」，漢成帝妃班婕妤。「紈」，絹製扇也。漢書外戚傳載：趙飛燕驕妒，許皇后、婕妤皆失寵。婕妤恐久見危，求供養太后長信宮，成帝許之。文選班婕妤怨歌行詩並序：「昔漢成帝班婕妤失寵，供養於長信宮，乃作賦自傷，並為怨詩一首：『新製齊紈素，鮮潔如霜雪。裁成合歡扇，團圓似明月。出入君懷袖，動摇微風發。常恐秋節至，涼風奪炎熱。棄捐篋笥中，恩情中道絶。』」

〔一七〕「蒙氏筆」，舊傳秦將蒙恬曾改良毛筆。晉崔豹古今注問答釋義：「牛享問曰：『自古有書契已來便應有筆，世稱蒙恬造筆，何也？』答曰：『蒙恬始造即秦筆耳。以枯木為管，鹿毛為柱，羊毛為被，所謂蒼毫，非兔毛竹管也。』」

〔一八〕「鸞」，太和正音譜、九宮大成南北詞宮譜俱作「寫」。

〔一九〕「没亂」，宋元習語，意謂心緒煩繞、着急。金董解元西廂記：「空没亂，愁把眉峰暗結。」

〔二〇〕「來」，九宮大成南北詞宮譜作「在」。

〔二一〕「痯」，病。廣韻：「痯，病也。」「甚」，九宮大成南北詞宮譜作「任」。

〔二二〕「釧鬆冰腕」，元王實甫西廂記雜劇：「聽得道一聲去也，松了金釧。」

〔二三〕「頓」，挈引。通「扽」。荀子勸學：「詘五指而頓之。」

〔二四〕「業債」，即孽債。「業」，通「孽」。元王和卿文如錦套：「娘愛他三五文業錢，把女送入萬丈坑塹。」

〔二五〕「淹漸病」，纏綿小病。亦作「淹潛病」。元尚仲賢三奪槊雜劇：「這些淹潛病，都是俺業上遭。」「纏繳」，即纏攪，擾亂、纏擾。無名氏劉知遠諸宮調：「纏繳殺你不肯放東西。」元白樸牆頭馬上雜劇：「睡魔纏繳得慌，别恨禁持得煞。」

〔二六〕「釁」，發動。左傳襄公二六年：「夫小人之性，釁於勇。」疏：「釁為動也。」此引申為挑起、引起。「端」，愁端也。

〔二七〕「套頭」，套在牲畜頭上之籠頭。宋元間以之喻束縛、愁結。元關漢卿一枝花不伏老套：「恁子弟每誰教你鑽入他……千層錦套頭。」

十年辛苦不尋常

先師李春祥先生當年授課認真負責，又值盛年，在學術科研上屢有創獲，大學畢業時許多同學競相選擇他爲論文輔導老師，可見他在七七級同學心目中的地位極高。生性疏懶的我對先生的學問十分景仰，但多從論文與教學上耳濡目染。畢業后先赴商丘教現當代文學，后調回開封一所金融學校任教，對先生的情況多從同窗處得知，雖是耳食之言却記憶猶新：韓鳳葛兄時在河南教育（今大象）出版社作編輯，常給我寄資料，故能讀到先生的一些文字；在商丘，同窗尉遲從泰每提及先生對自己論文的精心指點就十分激動，令人既感且佩；回汴后，又從曾廣開、吴河清學兄處得知不少新聞，大多是對先生著述甚勤、創獲極多的褒揚之詞……逛書店時也常見到他的著作，如元代包公戲選注、元雜劇論稿、元雜劇史稿等，雖未購買，却見書思人，甚爲慶幸有此良師。不料先生正值壯年却一病不起，走得十分突然……

二〇〇三年，我開始在河南大學出版社作特約編輯，先后爲劉增杰、王文金、劉思謙、宋景昌諸多恩師的著作出版做了弟子應盡的工作，聊報當年的教誨於萬一。不承想，二〇〇七年九月，總編室王純大姐又將李春祥文集的編校工作托付給我，令我百感交集。最引人注目的是一厚沓精心工筆謄録的手寫稿曾瑞散曲集校注，校審之餘，不覺大爲訝异：每頁都是書寫得那樣精心細致，一絲不苟，這和先生授課時的板書絶不類似，甚至與先生平日的手稿也大相徑庭，可見此書在先生心中具有極高的價值，是其晚年的苦心孤詣之作。此外，它也和先生已經出版的元代包公戲選注不同：元代包公戲選注用詞尚保留着普及讀物的痕迹，一些常用的詞語被反復征用，除了受當時排版技術手段的限制，也與先生對當時讀者閱讀水平的定位不無關係；而該書則一反常態地採用繁體豎寫，工筆謄録，用辭引征多從典籍中精選，顯然非一兩年功夫所能爲，此其一。元代包公戲選注之出版與當時提倡法制的社會思潮暗合，極易造成轟動效應，即白居易所主張的「文章合爲時而著」；而曾瑞作爲一個隱士，作品的思想基調超然於世，充滿了老莊韵致，先生在此盛年之際能静下心來，詳校細勘精心注釋曾瑞作品，以其嚴謹求實的學風觀之絶非一時心血來潮，應該是大有深意的，此其二。據先生哲嗣李兵君介紹：春祥師分到河南大學就跟隨李嘉言先生治學，深得其精髓；余生也晚，已無緣親聆先賢謦欬，不過從春祥師的教學治學中頗能領悟其遺風。二〇〇四年，王寬行師病故，悼唁之后信筆寫了幾首詠懷河大諸先師，其中就有一首懷念春祥師的：

川韵元曲最擅場，古樸風雅費思量；
片言揭過明清史，學子争拜李春祥。

值得慶幸的是，在選題論證會上，該書與王夢隱先生的慶湖遺老詩集校注被列入「百年河大國學舊著新刊叢書」，而且首次進行繁體豎排，青年編輯靳宇峰君精心設計了版式，發排工作也水到渠成……

二〇〇七年十一月十三日，新華一廠排出了一稿清樣；二〇〇八年一月二十八日清樣返廠。這是我進行編輯工作以來最興奮最疲憊也最難熬的時候，諸多事務集於一身，每件事情都得集中精力，全身心地投入，不敢有半點懈怠。在反復校勘核實史料的過程中，對先師的敬意一再涌現於心，正如我在初審意見中所説：

曾瑞散曲集校注是先生晚年用力甚勤之作。文獻校注是考驗古代文學教學者和研究者治學功力的試金石，校注者既要具備精湛深邃的學術修養，又要通曉古今詞語之沿承流變，并要恰切印證，力求要言不繁，博而不雜，給人以一石三鳥之回味。對於治學淵源極深的河南大學而言，這種極爲稀缺的文化資源本屬富礦，亟待引起注意，以期深入有效地開發。故春祥師的力著就格外顯得厚重。

該著精選底本，并參用多種善本進行校勘，顯示出精純至深的治學功力。先生博覽群書，腹笥極豐，熟諳典籍，故引證詩文收發隨心，述史叙典層次分明，尤爲難得的是對北方俗語了然於心，故能對散曲中大量的疑難字句作出精當的解釋與闡發，并對其中錯舛進行細心訂正。先生治史嚴謹，論據翔實可征；既顯示了深邃精妙的治學功力，也折射出先生對於曾瑞創作研究的高度重視，如果假之以年，應該是先生學術研究生涯中的重點項目。

二月十六日，二校樣送到我手中，很快，先生哲嗣李兵君也將精心勘核的校樣返回，并交給我一份一九八三年九月填寫的科研項目計劃，我如釋重負，懸疑於胸的疑問驟然冰釋，莫非真是冥冥中的感懷所致？

一九八三年九月，先師申報了曾瑞散曲集校注科研項目；一九八八至一九八九年，先生接連出版了元雜劇論稿、元雜劇史稿，而曾瑞散曲集校注却未見出版消息。一九九三年，先生驟然離世，使人常生「哲人其萎，廣陵散絶」的慨嘆。時至今日，該書的出版仍是空谷足音，填補空白之舉。可見先生對書稿的極端重視不無深意。

忽然想起曹雪芹著紅樓夢，十年增删，不果而終，令世人嘆挽不已，其故人所寫的「字字看來皆是血，十年辛苦不尋常」詩句，真切地表達出對一代杰出作家的深切緬懷。而以「十年辛苦不尋常」來狀寫先生著此書稿的苦心孤詣不也是極爲恰切的麽？

是爲跋，謹以此紀念遠在天界的恩師李春祥先生！

晚學謝景龢寫於戊子年元宵節